대한민국 넷페미史

대한민국
넷페미史

우리에게도 빛과 그늘의 역사가 있다

권김현영·손희정·박은하·이민경 지음

나무연필

사람들의 따가운 시선과 비난에도 굴하지 않고
자기 목소리를 내며 더 나은 세상을 만들기 위해 노력해온
이 땅의 넷페미를 위하여

들어가며

2016년은 그 어느 때보다 페미니즘 이슈가 불거진 한 해였다. 강남역 살인 사건에 이어 메갈리아로부터 비롯된 각종 소란, 낙태 금지를 반대하는 검은 시위와 ○○ 내 성폭력 해시태그 운동에 이르기까지, 일련의 사건들을 둘러싼 분노와 절망, 고발과 공감의 물결이 인터넷에 다양한 파장을 만들어냈고 이 파장은 오프라인의 세계로까지 이어졌다.

  강남역 10번 출구로 나와 포스트잇을 붙인 이들, 메갈리아의 소송 지원을 위해 'Girls Do Not Need a Prince' 티셔츠를 구입한 이들, 낙태 금지를 반대하는 검은 시위에 나선 이들, 자신이 당한 성폭력을 SNS에 밝힌 여성들을 위로하고 함께 분노했던 이들……. 그렇게 자신의 문제의식을 표출한 사람들의 기저에는 인터넷이 있었다. 이들에게 인터넷은 페미니즘 활동에 대한 정보를 접하는 통로이자 이에 반하는 목소리와 싸워 나가는 전투의 장이며, 서로의 상처를 다독이면서 현실을 이해해가는 공감과 학습의 공간이기도 했다.

이러한 활동의 중심에 있던 2030 페미니스트들은 그동안 마음속에 품어왔던 생각들을 그렇게 하나씩 터트렸던 것일지도 모르겠다. 물론 좌충우돌할 때도 있었지만, 그 날카롭고 선연한 에너지 덕분에 많은 이들이 다시금 우리의 현실을 돌아보게 되었다.

그런데 과거에는 이런 이들이 없었던 걸까? 시대가 달라진 만큼 상황도 달라졌기에 천편일률적으로 동일하게 비교할 순 없겠지만, 온라인에서 자기 목소리를 내온 페미니스트들이 이전에도 있지 않았나? 그렇다면 과거의 경험을 돌이켜보는 것이 현재의 활동에 참조점이 될 수 있지 않을까?

『대한민국 넷페미사』의 기획은 이런 취지에서 시작되었다. 넷페미의 역사를 개괄해봄으로써 서로 다른 세대 간의 경험을 나누고 현재의 활동에 도움될 만한 힌트를 제공하고 싶었다. 물론 현재의 역동적인 활동에 대한 지지와 응원의 목소리도 함께 곁들이고 싶었다. 강남역 살인 사건의 의의를 다룬 행사에서 만난 네 명의 페미니스트들이 '페미니즘 라운드 테이블'이라는 모임을 만들어 강의를 기획했다. 어찌 보면 급조된, 하지만 마음속에 문제의식을 품고 있던 네 명의 여성이 만나 세상에 던진 돌맹이 하나였다.

2016년 10월 8일, 장장 7시간 반에 걸쳐 기나긴 강의와 토론을 진행했다. 이에 대한 반응은 뜨거웠다. 권김현영, 손희정 선생님의 1, 2강 강의는 그야말로 넷페미의 입으로 말하는 넷페미의 역사였다. 당사자로서 그간의 역사를 말해줄 수 있는 자원이 페미니스트 내부에 있다는 것은 큰 축복이었다. 3강의 토론에서는 기자로서 여성 이슈를 취재해온 박은하 기자님과 현재의 주목할 만한 페미니스트 필자인 이민경 선생님의 시각을 함께 나눠보았다. 물론 강의 후 단행본 작업을 진행하면서 강의에서 미처 다루지 못한 내용에 대한 보완을 거쳤다.

이 행사에 대해 "넷페미에게도 '개족보'가 있냐"라고 비아냥거리는 인터넷 댓글을 보기도 했다. 페미니스트들에게는 참으로 익숙한 광경이다. 이 작은 책 한 권으로 넷페미의 모든 활동을 촘촘히 다룰 순 없었지만, 짧지만은 않았던 넷페미의 활동사를 한눈에 일별하기에 유용한 책으로 자리하길 바란다. 넷페미가 고민하고 싸우며 나아갔던 사실들을 기록한 자랑스러운 족보로서 말이다.

이 책에 쓰인 개념들에 대한 몇 가지 첨언을 해야 할 것 같다. 사실 인터넷 페미니스트의 줄임말인 '넷페미'는 현재까지 국어사전에 등재되지 않은 단어이며 이 책에서 다룬 활동을 모두 포괄할 수 없는 개념이다. 인터넷이 탄생하기 전, 개별 컴퓨터를 전화회선으로 연결해 이뤄졌던 PC통신 시기의 활동을 포괄해서 다루고 있기 때문이다. 하지만 이 압축적인 한 단어로 좀더 선명하게 활동들을 설명할 수 있겠다는 생각에서 '넷페미'를 화두로 내세 웠다.

또 하나 감안해야 할 것은, 온라인 페미니스트와 오프라인 페 미니스트가 선명하게 구분되지 않는다는 점이다. 컴퓨터나 스마 트폰의 자판을 두들기며 인터넷에서 자기 목소리를 낸 페미니스 트가 그 손을 떼고 다른 일상을 살아가더라도 페미니스트가 아닌 건 아니니 말이다. 따라서 이 책에서는 넷페미들이 온라인에서 벌 인 활동에 주목하되 그 연결선상에서 벌어지는 오프라인의 활동 을 배제하지 않고 함께 살폈다.

특히 아쉬운 것은 현재 활발하게 진행 중인 넷페미들의 활동을 이 책에 넉넉히 담아내지 못한 점이다. 그 역동적인 활동을 역사 로 담아내려면 어느 정도의 시간적 거리가 필요하리라는 판단도 있었다. 현재의 활동 또한 향후 휘발되지 않는 기록으로 차곡차곡 갈무리되었으면 하는 바람이다. 역사란 언제나 기록하는 자의 것 이니 말이다.

나무연필 편집부

차례

영 페미니스트, 넷페미의 새로운 도전

1990년대 중반부터 2000년대 중반까지

1강

권김현영 | 여성주의 연구활동가

'대한민국 넷페미사'라는 기획을 처음 들었을 때, 제가 굉장히 듣고 싶은 강의라고 생각했습니다. 그런데 어쩌다 보니 제가 이 강의를 하게 되었네요. (웃음)

이 자리에서는 1990년대 중반부터 2000년대 중반까지 온라인에서 여성 이슈와 관련해 어떤 소동들이 있었는지 살펴보려 합니다. 또한 PC통신에서 인터넷으로 이어지는 일련의 흐름들, 그 가운데서 어떤 폭발적인 움직임이 있었는지, 그리고 사회적 조건과 온라인 환경은 어떻게 변화했는지를 진단해보려고 합니다.

발칙한 영 페미니스트들이 나타났다

제가 최근에 '정치적 올바름'을 화두로 메갈리아 논쟁에 대한 짧은 글을 한 편 썼는데요.「메갈리아의 거울에 비춘 세상」,《르몽드 디플로마티크》, 2016년 10월호.
그 글을 쓰면서 계속 의문이 들었어요. 사람들은 대체 왜 이렇게 메갈리아를 못 잡아먹어서 안달인 걸까. 메갈리아가 과격하고 극단적이며 위아래가 없다고들 하는데, 그런 부류의 이야기들이 저에게는 굉장히 익숙했어요. 왜 그랬을까요? 사실 1990년대 중반 이후 활발하게 활동했던, 저를 포함한 영 페미니스트들 역시 당시에 똑같은 이야기를 들었기 때문입니다.

1997년, 저는 친구들과 함께 '돌꽃모임'이라는 게릴라 페미니스트 조직을 만들어 잡지를 발간했어요. 그 잡지의 표제는 '편협한 페미니스트들의 저열한 잡지'였습니다. (웃음) 우리는 페미니스트들이 편협하고 저열하다는 얘기를 듣는 데 지쳐 있었어요. 마음대로 생각하시지요, 라는 기분으로 저런 표제를 만들었습니다. 우리가 얼마나 정치적으로 올바르지 않았냐 하면, 이성연애를 하는 친구들에게 "야, 넌 개돼지만도 못한 혜테로 아니냐?" 같은 농담을 하기도 했어요. 그럼 그걸 듣는 혜테로들은 "그래. 난 개돼지만도 못하지" 하고 웃으면서 지나갔고요.

혹시 '여자가 지붕 없는 곳에서 담배를 피우면 잡아간다'는 말 아세요? 1993년에 한국의 성인 남성 흡연율은 70퍼센트로 세계 최고 수준이었는데, 1990년대 중반부터 여성 흡연자도 급격히 늘어납니다. 남성의 권유로 흡연을 시작하는 여성도 많았지요. 수많은 남성이 담배를 피우는 상황에서 여성에게 "너희는 담배 피우지 마!"라고 하기는 어려웠을 겁니다. 그런 와중에 이런 흉흉한 소문이 하도 퍼져서 1997년에는 여성 흡연자들이 집단 시위를 벌이기도 했습니다. 하지만 이게 실제로 존재한 법안은 아니에요. 여자가 담배 피우는 걸 보기 싫어하는 남자들이 이런 '뻥'을 유포한 게 아닌가 싶습니다.

한번은 이런 갑갑한 사회 분위기에 화가 난 친구들과 함께 경

영 페미니스트(Young Feminist)는 1990년대 중반에 등장해 2000년 대까지 두각을 나타낸 젊은 페미니스트 그룹이다. 그 이름에서 풍기는 뉘앙스처럼 이전 세대와는 차별화된 가치와 태도로 대학가를 비롯해 사회운동 전반에 자신의 입장과 색깔을 보여주었다. 이들은 권위적이고 획일적인 관계를 부정하고 자유롭고 평등한 개개인의 관계 맺기를 시도하면서 조직 내에서 서로 반말을 하고 대표를 뽑지 않는 등의 새로운 문화를 만들어냈다. 또한 폭력을 행사하는 개별 남성을 비롯해 그러한 폭력을 용인하는 남성 중심적 사회구조로부터의 전략적 분리를 요구하며 여성들의 자매애에 관심을 기울이기도 했다.

찰서 앞 작은 공원에 몰려가서 대놓고 담배를 피웠어요. 그런데 저쪽에서 경찰들이 우리를 계속 쳐다보는 거예요. 우리는 그들이 우리를 잡아갈지도 모른다는 약간의 피해 의식에 휩싸여 있었는데, 한 경찰이 다가와서는 우리가 바닥에 담배꽁초를 버렸다며 뭐라고 하더라고요. 담배꽁초를 버린 건 잘못이지만 뭔가 억울했어요. 우리가 여자가 아니었더라면 경찰이 그런 식으로 우리를 계속 지켜보지 않았을 테고, 그랬다면 우리가 담배꽁초를 버린 것도 알 수 없었을 테니 말이에요. 그래서 우리는 이렇게 외쳤습니다. "이건 함정 수사다!" (웃음) 저도 알아요. 지금 생각해보면 말도 안 되는 이야기인걸. 우리는 진심으로 그런 이야기를 우겨가며 해댔고, 지친 경찰은 그냥 돌아가버렸지요.

또다른 예를 들어볼까요? 가부장제 사회에서 순결로 여자의 가치를 매긴다면 그 따위 순결은 무상 증여하겠다며 여성학 세미나 도중에 비분강개를 참지 못하고 뛰쳐나간 언니도 있었어요. 지나가는 남성 중 마주친 첫 번째 남자와 섹스를 하겠다는 거였지요. (웃음) 영 페미니스트들은 당시의 사람들이 상상하지 못했던 방식으로 극단적이었고 과격했으며 사람들이 중요하다고 생각했던 모든 가치에 아무런 의미가 없다고 말하는 것을 굉장히 과시하고 싶어했던 집단입니다. 그러니 당연히 정치적으로 올바르지 않은 행동을 종종 하기도 했고요.

어떤 영 페미니스트는 오래 사귀던 남자 친구에게 청혼을 받고서 이렇게 말하기도 했습니다. "나는 임신하고 싶지 않아. 그렇다고 자궁을 적출하고 싶진 않으니 네가 정관수술을 한다면 너와 결혼하겠어." 결국 남자 친구는 결혼을 포기했고, 그걸 이 친구는 허풍을 떨어가며 자랑스럽게 말했지요. 이런 일들을 벌이다 보니 선배 페미니스트들에게 호되게 혼나기도 했어요. 하지만 그런 허풍이 페미니즘의 새로운 기운과 만나고 있었기 때문에 굉장히 즐거웠던 기억이 저에게는 남아 있습니다.

메갈리안들이 실제로 남성들에게 정관수술을 시키진 않았잖아요? (웃음) 근데 영 페미니스트 중 몇몇은 실제로 남자 친구에게 정관수술을 시켰다고 말하기도 했습니다. 물론 허풍이었을지 모르지만요. 하여간 우린 정말 정치적으로 올바르지 않았어요. 메갈리아보다 더하면 더했지 덜하진 않았지요. 그렇다 보니 메갈리아에게 온갖 비판이 쏟아지는 걸 보면서, 영 페미니스트로서 일종의 양심선언을 해야 하는 게 아닌가 하는 생각마저 들더군요.

그런데 여기서 중요한 점은, 영 페미니스트들이 극단적인 목소리를 내면서 온갖 소동을 일으켰음에도 불구하고 '굉장히 이상한 애들이 나타났다. 어떻게든 저들을 말리자'라는 분위기였다기보다는 사회적으로 우리를 비교적 환영해주었다는 것입니다. 물론 제가 과거를 미화하고 있는지도 몰라요. 혹은 세상이 우리를 미워하고 있었는데 그걸 착각한 채 자의적으로 꽤 환영받는다는 느낌을 받았을 수도 있고요.

그럼에도 불구하고 영 페미니스트들에게 사회가 호의적이었다고 느끼는 데는 나름의 이유가 있었습니다. 그중 하나는 기존의 여성운동에 위기를 느끼고 있던 이들의 이해관계와 관련될 거예요. 1990년대 중반부터 한국의 여성운동은 빠르게 제도화되어가면서 사회적 권력의 분배를 요구했고, 실제로 어느 정도는 권력을 획득하는 데 성공했습니다. 그런데 기존의 여성운동이 쟁취한 사회적 권력에 접근 가능했던 여성들과는 다른 그룹들이 여성운동의 이름으로 등장하니 기존의 여성운동을 불편해했던 사람들이 새로운 그룹을 반기는 분위기가 있었던 거예요. 이게 영 페미니스트에 대한 호의로 이어졌고요.

한편 1990년대 중반 이후는 사회 전반적으로 위계질서나 오래된 관습, 권위주의적 문화 등을 비판하는 전 사회적인 반성의 시간이었습니다. 그러했기에 영 페미니스트들이 발칙하다거나 발랄하다는 말이 회자되긴 했지만 과격하다거나 극단적이라는 말은 듣지 않을 수 있었지요. 당시에 영 페미니스트들은 종종 정치적으로 올바르지 않았지만, 이들이 주장하는 내용을 정치적으로 올바르다고 '맥락적으로' 이해하려 하면서 앞으로 지켜야 할 가치라고 생각하는 '사회'가 있었던 게 아닐까 싶습니다.

다시 말해 정치적 올바름이란 과정과 맥락 속에서 구성된다는 얘기입니다. 당시에는 운동권 내부에서도 권위적이고 위계적인 조직 문화를 바꿔야 한다는 의식이 강했고, 대통령 직선제를 통해 문민정부까지 들어섰으니 민주화를 이룬 상황에서 사회가 이전처럼 운영되어선 안 된다는 분위기가 형성되어 있었어요. 그러한 흐름 가운데서 영 페미니스트들이 등장했고, 이들이 새로운 주체로 환영받은 것이지요.

PC통신과 함께 시작된 논쟁의 시대

사이버스페이스는 영 페미니스트들에게 중요한 도전의 공간 중하나였습니다. 당시에는 컴퓨터 네트워크로 구성된 가상의 공간에서 기존의 위계질서가 통용되지 않으리라는 기대가 있었어요. 모두가 얼굴을 모른 채 지역을 넘어서 만날 수 있는 새로운 공간, 이런 곳에서는 성별, 계급, 인종, 국적에 따른 격차가 줄어들 거라고 보았지요. 기존의 물적 조건이 사이버스페이스에서는 적용되지 않을 수도 있으니까요. 새로운 기술을 통해 구축된 공간이니 진입 장벽이 비교적 낮거나 없어서 공정한 기회가 주어지리라는 기대도 있었고요.

초기의 인터넷 기술 개발자와 네티즌들은 사이버스페이스에서 개인이 동등하고 자유롭게 교류해야 한다는 것을 일종의 넷윤리로 공유하고 있었습니다. 새로운 테크놀로지에 대한 환영과 전망 속에서 새로운 사회를 꿈꿨던 이들은 사이버스페이스를 기회의 땅으로 여겼습니다. "이곳이 로도스다. 여기서 뛰어라!" 같은 거였지요. 사이버스페이스와 리얼스페이스의 차이에 관심을 기울이기보다는 우리가 한 번도 본 적이 없는 조건 속에서 개개인이 동등하게 교류할 수 있는 곳을 만들어볼 수 있지 않을까 하는 기대감이 넘쳐흐르던 시기입니다.

이런 사이버스페이스에 자리한 게 바로 PC통신이었습니다. PC통신을 중심으로 한 세계는 논쟁이 매우 중요하고 말이 전부였던 곳입니다. 이전의 논쟁이란 몇몇 지식인과 이론가가 주도하는 것이었고, 일반인은 이를 따라가거나 배우는 식이었어요. 그런데 PC통신이 등장하면서 일반인이 각자 경험의 경험을 바탕으로 현실을 분석하고 논쟁을 벌이는 게 가능해졌지요.

PC통신은 텍스트로 이루어진 게시판을 기반으로 운영되었습니다. 당시의 기술력으로는 전송 속도가 굉장히 느렸기 때문에 그런 게시판이 아니면 운영이 불가능했어요. 하이텔, 천리안, 나우누리, 유니텔 등의 PC통신을 비롯해서 참세상을 포함한 대략 3천여 개의 각종 사설 BBS Bulletin Board System, 전자 게시판에 이르기까지 이 플랫폼에서 가장 중요했던 공간은 '광장'이었습니다. 플라자plaza 혹은 워드word라고도 불렸는데요. 지금으로 따지면 포털 사이트의 메인 화면에서 바로 들어갈 수 있는 가장 눈에 띄는 자유게시판 같은 거라고 보시면 돼요. '광장'에서는 언제나 논쟁이 벌어졌고, 주요한 논쟁들은 따로 토론게시판을 만들어 말을 이어갔습니다.

소위 말하는 3대 PC통신사에는 모두 여성 모임이 있었습니다. 하이텔 여성 모임의 이름은 '페미니스트의 천국'이었어요. 이 이름은 지금 생각해도 놀랍지요. 천리안 여성 모임의 이름은 '여성학 동호회'로, '여성학'이란 말을 내걸 정도였으니 대충 분위기가 짐작 가시지요? 나우누리에는 '미즈'라는 여성 모임이 있었는데, 당시에 미국에서 발행하던 같은 이름의 페미니스트 잡지가 있었지요. 여성 모임은 곧 페미니스트 모임이었습니다. 지금 여성들이 이용하는 인터넷 커뮤니티의 상당수가 화장, 요리, 인테리어, 다이어트 등의 콘텐츠를 다루는 비율이 높은 것과 비교해보면 놀라운 일이지요.

이들 세 여성 모임은 약간씩 분위기의 차이가 있었습니다. 하이텔 페미니스트의 천국에서는 배경과 성격이 다른 다양한 페미니스트들이 비균질적인 목소리를 냈던 걸로 기억하고요. PC통신에 익숙한 여성 유저user들이 많았습니다. 천리안 여성학 동호회는 그 이름처럼 가장 학술적이었고 논쟁도 많이 벌였습니다. 나우누

PC통신은 개인의 컴퓨터를 전화 회선으로 연결해서 자료를 주고받는 통신 방식이다. 1990년대 초반 컴퓨터가 상용화되면서 이용자가 급증했으며, 인터넷이 보편화되기 전까지 각광받았다. 통신망을 구축한 회사가 가입자에게 각종 서비스를 제공했는데, 한국에서는 하이텔, 천리안, 나우누리가 3대 통신사로 자리 잡았다. 새로운 기술과 문화에 호기심을 가진 젊은 층들이 PC통신을 많이 이용했는데, 이들은 관심사에 따른 각종 모임을 만들어 활동하면서 사회문제에 대한 논쟁 공간으로도 이곳을 적극 활용했다.

리 미즈는 페미니즘을 기반으로 한다기보다는 여성들만의 모임이라는 데 초점을 맞춘 곳이었는데도 페미니즘은 언제나 대화의 주요 주제였고, 어디에서도 들을 수 없는 성性 이야기가 쏟아지는 익명게시판이 특히 유명했어요.

PC통신에서의 여성 모임을 이해하려면 당시 대학가의 운동 풍토도 알아야 할 겁니다. 1980년대부터 시작된 총여학생회를 중심으로 한 대학 내 여성운동은 학생운동의 한 부문으로 취급되어왔어요. 하지만 1990년대 중반을 기점으로 학내의 페미니스트들은 대학생으로서 여성운동을 하는 것이지, 여학생으로서 학생운동을 하는 게 아니라는 목소리를 내기 시작합니다. 그러니까 영 페미니스트들은 이즈음부터 스스로를 페미니스트로 명확하게 정체화한 겁니다. 각 대학별로 총여학생회나 여성위원회가 있긴 했지만, 필요한 경우 대학 밖으로 나가서 자신과 생각이 같은 이들을 찾아낸 후 그들과 함께 활동할 수도 있다고 본 거예요. 여성운동을 할 수 있는 동지들을 만날 수 있다면 학교라는 틀은 별로 중요하지 않다고 생각했습니다. 그리고 그런 가능성을 탐색할 수 있는 공간 중 하나가 바로 PC통신이었지요.

제 사례를 말씀드리면, 저는 대학 졸업을 앞두고서 이후에 여성운동을 어떻게 이어나갈지 고민하다가 나우누리 미즈에 가입했어요. 총여학생회나 여성학 동아리가 없는 대학의 사람들을 미즈에서 모은 후 학내에서 그런 걸 조직하는 걸 도와보자는 생각을 했고요. 지금 생각해보니 너무 운동권 같네요. (웃음) 어쨌든 그런 고민을 가지고서 미즈를 통해 몇몇 대학생들을 만났고 그들과 세미나를 했던 기억이 있습니다. 제가 그 학교 학생은 아니었지만 PC통신이 있었기에 여성 이슈에 관심 있는 사람들을 모을 수 있었어요. 이런 경험을 쌓아가면서 자연스럽게 사이버스페이스를 어떻게 활용할지에 대한 고민도 시작되었습니다.

검열에 맞서, 표현의 자유를 찾아서

사이버스페이스에서 가장 중시했던 가치 중 하나가 바로 표현의 자유입니다. 온라인의 세계가 열리면서 표현의 자유를 볼모로 삼은 규제들이 하나둘 생겨났고, 1995년에 김완섭의 『창녀론』이 출간되면서 이 논쟁에 또다른 불이 붙지요. 이와 관련해서는 얼마나 많이 싸웠는지 몰라요.

과거의 성적 자유주의자들은 여성을 '성녀'와 '창녀'로 구분한 뒤 성녀를 숭배하고 창녀를 멸시하는 논리를 폈습니다. 그런데 1990년대 중반에 등장한 김완섭이나 마광수 같은 이들은 성녀를 멸시하고 창녀를 숭배합니다. 저는 이런 새로운 성적 자유주의

자들을 여성을 섹스 가능성으로 분류하는 '남근주의자'라고 부르곤 했지요. 이들은 성적으로 해방된 여성이 진정한 여성이며, 그런 이들이야말로 자신의 성을 교환하는 게 아니라 증여하는 데까지 나아간다고 주장하면서 '창녀 숭배론'을 폅니다. 페미니스트로서는 절대 동의할 수 없는 논리이지요. 이러나저러나 모두 여성을 이분법으로 나누고 한쪽의 여성을 숭배하면서 다른 쪽 여성을 멸시하는 논리는 똑같으니까요. 그럼에도 불구하고 온라인에서의 규제가 시작되자 페미니스트들은 이런 이들과도 연대하면서 표현의 자유를 제한하는 건 문제가 있다는 견해를 피력합니다. 우리에게 필요한 건 더 많은 토론의 장이지 국가의 규제가 아니라고 생각했으니까요.

3대 통신사에서 가장 유명했던 문제적 여성은 신정모라 씨일 겁니다. 풍운의 여성 논객이었는데, 요즘 뭐하시나 검색해봤더니 2013년에는 국가보안법 위반 혐의로 기소돼 실형을 선고받으셨더군요. 신정모라 씨가 유명해진 건 유방 시위 제안 때문이었습니다. 당시에 여성에 대한 노출 단속 문제가 대두되었는데, 천리안에서 활동하던 신정모라 씨는 이에 대응해 "노출 단속에는 유방 시위로 맞서자"는 제안을 합니다. 이때 하이텔에서 활동하던 김완섭 씨도 동참해서 대응했는데, 결국 이들은 천리안과 하이텔에서 각각 이용중지 징계를 받습니다.

그런데 문제는 더욱 심각해집니다. 천리안에서 신정모라 씨의 아이디를 해지하는 걸 넘어서서 그녀가 여성학 동호회에 쓴 글들까지 모두 삭제해버린 거예요. 이건 너무 과한 검열이었어요. 그런 검열을 허용하게 되면 PC통신을 비롯해서 사설 BBS까지 모두 위험에 처할 수 있는 상황이었거든요. 사설 BBS는 지금으로 치면 초대를 받아야 들어올 수 있는 폐쇄 단톡방 같은 건데, 이런 곳까지 전방위적 검열의 칼날이 날아들 수 있었던 겁니다. 그러니 페미니스트들이 그동안 반목해왔던 성적 자유주의자들과 연대해서까지 이에 반대한 거고요.

이런 상황을 이해하기 위해서는 당시의 사회적 맥락을 함께 살펴볼 필요가 있습니다. 1993년부터 1996년 사이에는 정부가 사회운동 단체, 노동조합, 학생운동 조직의 BBS를 사찰해서 압수수색한 후 활동가들을 구속하는 사건이 연이어 벌어집니다. 또한 1995년 1월에는 온라인 규제를 논의할 수 있는 정보통신윤리위원회가 신설되고, 1997년 7월에는 유해한 매체와 약물 등이 청소년에게 유포되는 것을 규제하는 청소년보호법이 시행됩니다.

사회적으로 큰 파장을 일으키는 사건도 여럿 터졌어요. 1997년 3월에는 누드모델 이승희 씨가 홈페이지에 공개한 사진들을 가져다가 무단으로 자신의 홈페이지에 게재한 이가 구속되는 일이 벌어집니다. 이승희 씨와 관련해서는 모든 통신망에서 토론방이 만

재미교포 출신 누드모델 이승희 씨는 미국 《플레이보이》지의 첫 동양인 표지모델로 알려졌는데, 1997년 국내에서 『할리우드의 노랑나비』라는 책을 출간하면서 화제가 되었다. 그녀의 상품성에 주목한 천리안은 '천리안 라이브'라는 대화방에 그녀를 출연시켜 큰 성공을 거뒀으며, 이후 그녀의 홈페이지도 개설되어 당시로서는 엄청난 접속 건수를 기록했다. 사진은 이러한 내용을 담은 1997년 5월 14일자 《동아일보》 기사.

들어지면서 뜨거운 논쟁이 불붙었지요. 한국인 최초의《플레이보이》지 표지 모델이라는 이유로 국위 선양을 했다는 의견부터 사대주의적 발상이며 포르노 스타에 불과하다는 주장까지 팽팽하게 펼쳐집니다.

그해 7월에는 일명 '빨간 마후라 사건'도 터집니다. 이는 10대들끼리 모여 찍은 성관계 동영상을 서울 강북 인근의 고등학교 일진들이 입수해 개당 3만 원에 판매하면서 알려진 사건입니다. 동영상에 등장하는 여학생이 집단 성폭력을 당했다는 증언을 하기도 했고, 경찰이 이 동영상을 유포하는 데 일조하기도 하는 등 대단히 구조적이고도 일상적인 강간 문화가 드러난 사건이었는데요. 엉뚱하게도 이 사건이 사회문제로 불거진 뒤 10대들의 성을 규제해야 한다는 여론이 결집됩니다. 일련의 사건들을 계기로 인터넷 음란물에 대한 논쟁이 불거지고, 검열 반대 운동도 극심한 공격을 받게 되지요.

페미니스트들은 검열이 강화되는 사회적 흐름이 온라인에서의 민주적 소통이나 자유로운 교류를 저해할 수 있으며, '음란물 규제'가 검열의 근거가 되리라는 판단을 하면서 검열 반대 운동에 동참합니다. 당시에 순정 만화나 야오이 만화, 성인 인터넷 소설, 팬픽 등을 창작하고 즐기는 문화가 온라인을 기반으로 시작되는데요. 이렇게 여성 중심의 하위문화가 활발하게 생산·교류되는 상황에서 검열은 여기서부터 치고 들어올 거라는 생각을 했던 겁니다.

한편 강간 문화는 사회 곳곳에 정말 만연해 있었습니다. 이에 대한 비판도 활발하게 일어나는데요. 문제는 성폭력을 조금 위험한 성관계 혹은 더욱 짜릿한 행위로 취급하는 강간 문화이지 성적 표현 자체가 아니었지만 페미니스트들의 문제의식은 제대로 전달되기 어려웠습니다. 우려했던 대로 청소년보호법이 시행되자마자 타격을 받은 곳은 여성의 섹슈얼리티를 남성 중심적 시선으로 왜곡하고 강간 문화를 정당화하는 포르노와 유통업자들이 아니었습니다. 하위문화로 취급되면서 끊임없이 불량물로 취급받던 만화와 동성애 사이트가 고초를 겪게 되지요. 실제로 이는 동성애 관련 검열로 이어져서 2000년 8월 정보통신윤리위원회에서는 국내 최초의 인터넷 동성애 사이트였던 엑스존을 청소년 유해 매체물로 지정합니다. 2001년 11월에 엑스존 운영진들은 이 조치에 항의하는 의미에서 무기한 폐쇄를 하게 되고요.

이런 시대를 거쳐온 사람으로서, 2016년 넥슨 티셔츠 사태와 함께 등장한 예스컷 운동을 바라볼 때 그야말로 격세지감을 느낄 수밖에 없습니다. 1990년대 중반에는 위계질서 없는 사회, 자유롭고 평등한 교류, 검열 반대 등이 온라인을 고민하는 이들에게 거의 절대적인 가치였습니다. 당시의 의식 있는 네티즌들은 노컷 운동을 기본적인 넷윤리로 여겼어요. 그런데 20여 년이 지난 지금, 그것들이 모두 사라진 채 스스로를 의식 있는 네티즌이라고 생각하는 이들이 예스컷을 외치고 있네요. 메갈리아를 공격하기 위해서 말이지요.

여성의 관점에서 대두된 넷윤리의 문제들

앞서 말씀드렸듯 1990년대 중반은 정보통신윤리위원회가 신설되고 청소년보호법이 제정되면서 검열 제도가 정비되던 시기입니다. 그리고 이즈음에 YMCA나 기독교윤리실천위원회 같은, 소위 말하는 (이것도 여성 혐오의 혐의가 짙은 표현입니다만) "아줌마의 얼굴을 한 성 보수주의자"들이 인터넷 환경을 급격히 보수화시켰다는 불만도 터져 나옵니다. 이 틈새를 통해 여성에 대한 공격이 빈번하게 표출되지요. 물론 그전에도 여성에 대한 공격은 있어왔습니다만, 이 시기는 여성에 대한 분노를 품은 공격이 나름의 정당성을 획득해가는 때였던 것 같습니다.

이와 관련한 중요한 사건 중 하나로 1998년 천리안에서 벌어진 '화냥년 아이디 삭제 사건'을 들 수 있습니다. 천리안 여성학 동호회의 한 회원이 '화냥년'이라는 아이디를 쓰고 있었습니다. 그런 아이디는 마초 남성이 쓸 거라고 생각하기 쉬운데요. 호의적으로 보자면 그녀는 화냥년이라는 아이디를 자신이 쓰고 스스로를 화냥년이라고 지칭함으로써 그 언어의 맥락을 바꿔내는 시도를 했던 것 같습니다. 물론 별 생각이 없더라도 사람들이 그걸 정치적으로 올바르게 읽어줬던 시대이기도 하고요. (웃음)

한번은 온라인에서 어울리던 친구들과 이런 실험을 한 적이 있습니다. '빨강 삼각형' '분홍 삼각형' '파랑 삼각형'이라는 세 아이디로 각각 대화방에 들어가봤어요. 그럼 빨강 삼각형과 분홍 삼각형에게는 엄청나게 성적인 쪽지^{PC통신에서의 일대일 메시지}가 날아와요. 한 번만 만나달라거나 둘만의 대화방을 만들자는 요구가 이어지지요. 그런데 파랑 삼각형에게는 그런 쪽지가 안 날아옵니다. 온라인에서도 성별화된 양태 때문에 여성들이 곤란한 상황에 처하곤 했던 겁니다.

그러니 화냥년이라는 아이디로 접속을 하면 가슴을 빨고 싶다, 컴섹을 하고 싶다는 등의 쪽지가 끊임없이 엄청나게 날아들었겠지요. 지독한 스토킹도 계속되었고요. 그래서 천리안에 이러한 사안들을 신고합니다. 이때 천리안은 어떻게 대응했을까요? 천리안에서는 화냥년이라는 아이디를 삭제합니다. 화냥년이 신고를 했는데 그 아이디를 삭제한 거예요.

여성학 동호회 회원들은 분노하면서 문제를 제기합니다. '변강

쇠'도 있고 '정력왕'도 있고 'fuckyou'도 있고 'penis'도 있는데, 이 모든 아이디는 어떻게 할 거냐! 왜 화냥년만 삭제하느냐! 이건 형평성에 위배되는 게 아니냐! 천리안에서는 이런 항의에 대해 화냥년이라는 말 자체에 비하의 의미가 담겨 있어서 삭제했다는 궁색한 답변을 내놓습니다. 여성학 동호회는 다시 반박했지요. 자기가 자신을 비하한 건데 뭐가 문제냐! 그러면 자기 과시는 괜찮은 거냐? '정력왕'도 '변강쇠'도 다 괜찮은 거냐? (웃음)

지금 생각하면 우습지도 않은 논쟁이었습니다만, 이런 경험을 통해 온라인 검열에서도 성별에 대한 이중 잣대가 작동한다는 걸 알게 됩니다. 이 사건은 여러 통신사의 여성 유저들이 결집하는 계기가 돼요. 3대 통신사의 여성 시숍 ^{sysop, 게시판 운영진}들이 한자리에 모였고, 저는 당시에 미즈의 시숍 자격으로 여기에 참여했습니다. 이때 연합 회의를 통해서 3대 통신사에 이런 문제의 재발을 막을 수 있는 규정을 만들고 여성들만 입장 가능한 여성 전용 대화방을 만들어달라는 요구를 합니다. 이는 대부분 받아들여졌어요.

이때 처음 나온 게 바로 '온라인 성폭력 지침'입니다. 예를 들면 어떤 사람이 대화방에 들어갈 때마다 계속 따라 들어오거나 아니면 게시판에 자기가 누군가를 좋아한다는 글을 200건 이상 게시한다든가 하는 일들을 모두 구애 행위가 아닌 사이버 스토킹이라는 온라인 성폭력으로 규정합니다. 이런 규정을 만들자마자 바로 반박이 날아들지요. 너희도 검열에 찬성하는 게 아니냐고요. 그게 아니라 우리는 성별에 대한 이중 잣대에 반대하는 것이라고 답했지만, 이 맥락을 완전히 이해받지는 못한 듯합니다.

이후 여성계에서는 온라인에서 여성들이 어떤 어려움에 봉착해 있고, 어떻게 여성 네티즌들을 세력화할 수 있을지에 대한 논의를 진행해갑니다. 1999년에는 여성 언론인들의 주도 아래 21세기여성미디어네트워크를 창립, 그다음 해에는 사이버 공간에서의 여성 세력화에 대한 토론회를 개최합니다. 2001년에는 한국여성민우회와 언니네를 비롯한 웹진 편집장 등이 함께 게시판 여론 문화를 어떻게 만들어갈지에 대한 토론회를 열기도 합니다. 여성들이 온라인에서 겪는 문제에 대한 다양한 논의가 이뤄지는 시기였어요.

PC통신이라는 울타리를 넘어서 사회적으로도 넷윤리에 대한 논의가 활발해졌고, 이 중 일부는 제도화되기도 합니다. 온라인 성폭력에 대한 기준이 생기고, 이를 신고할 수 있는 제도도 만들어지고, 정보통신윤리위원회 산하에 사이버 성폭력 신고 센터가 신설되어 10년간 운영되지요. 그런데 이 센터의 웹사이트 주소가 뭐였는지 아세요? gender.or.kr이었습니다. '젠더'라는 말이 이렇게 정부 기관의 웹사이트 주소로 들어간 게 참 놀랍지요.

이렇게 온라인 성폭력 규정이 만들어진 밑바탕에는 PC통신과

2000년을 전후해서 여성계에서는 사이버스페이스에서의 여성 문제에 대한 다양한 담론들을 만들어 나간다. 21세기여성미디어네트워크는 1999년 각종 언론들이 다루고 있는 온라인 관련 기사의 문제점을 논의하는 자리를 만들기도 했으며, 그다음 해에는 '사이버 공간에서의 여성 세력화를 위하여'라는 토론회를 개최한다.(위) 또한 2001년 12월에 열린 '네티즌이 즐거운 게시판 여론 문화 만들기' 토론회에서는 한국여성민우회와 언니네 등이 참여하여 온라인 게시판 문화의 실태와 문제점을 논의했다.(아래)

사설 BBS에 흩어져 있다가 플라자나 워드에 모여들어 적극적으로 논쟁을 벌이던 여성들이 있었습니다. 그 가운데서 전설적인 여성 논객들이 등장하게 되지요.

이때 활동하던 여성들 중 몇몇은 이후 다음이나 네이버, 드림위즈 같은 포털 사이트에서 기획 업무를 맡기도 합니다. 저 역시 2002년에 다음에 입사 원서를 넣었다가 합격하기도 했어요. 다른 곳을 선택해서 실제로 다니지는 않았지만요. 페미니스트의 천국이나 여성학 동호회에서 활동하던 이들이 웹 기획자로 취직하는 경우가 꽤 있었습니다. 온라인 성폭력에 대한 논문을 쓰신 분이 포털 사이트의 기획자로 일하는 식이었지요.

한국에서 초창기 포털 사이트와 웹 환경을 만들어냈던 기획자, 개발자들은 서로 친분을 유지하고 있었습니다. 이들은 페미니스트들이 가지고 있는 자유롭고 평등한 토론 문화의 기획이 자신들의 이해와 크게 다르지 않으며 거기서 새로운 아이디어를 얻을 수 있다고 생각했어요. 이건 그들의 크고 작은 경험으로도 입증된 사실이었고요. 그래서 페미니스트 활동이 그런 회사들에 취직하는 데 도움이 되기도 했습니다. 페미니스트의 입김은 그런 식으로 2000년대 초의 인터넷 환경과 문화를 구축하는 데 꽤 많은 영향을 미쳤습니다.

100인위원회, 사회운동의 가부장성을 고발하다

한편 온라인에서의 극심한 논쟁 가운데서 사회운동의 가부장성 비판도 대두됩니다. 1999년 민주노총에서는 노동절 기념 포스터를 제작했는데, 페미니스트들은 이 포스터의 가부장성을 비판합니다. 빨간 조끼를 입은 남성 노동자 뒤에서 아이를 안고 그의 뒷모습을 바라보는 여성의 사진이 사용되거든요. 고려대 경제학과 BBS에서 이 포스터를 비판하는 페미니스트들을 전부 운동의 적으로 삼아야 한다는 글이 올라와서 한바탕 난리가 나기도 했지요.

영 페미니스트들을 비롯해서 사회운동계에 있던 여성 활동가들은 이런 문제적인 사안을 발견하면 몰려가서 논쟁을 주도하고 가부장성을 폭로하는 문화를 만들어갑니다. 온라인에서 활동하는 여성 논객이 많아졌기에 가능한 일이었어요. 이들은 온라인에서만 활동한 게 아니라 잡지에 기고를 하고 텔레비전 토론 방송에도 출연하는 등 오프라인으로 나아가 다양한 형태로 전방위적인 활동을 벌입니다. 꼭 페미니스트로 지칭되진 않더라도 사회운동과 관련한 새로운 목소리를 가진 여성들이 페미니즘의 영향을 받으면서 자기 목소리를 키워가던 시기였습니다. 페미니스트 지식인들이 주도해서 페미니즘 지식을 생산하고 문화를 실천했던 '또하나의 문화' 같은 곳이 굉장히 중요한 역할을 했고, 이런 분위기에 맞물려 여성학 전공자가 늘어나기도 했지요.

최근 상황으로 잠시 눈을 돌려볼까요? 2016년 10월, 트위터를 중심으로 ○○ 내 성폭력을 고발하는 해시태그 운동이 벌어지고 있습니다. 문단, 사진계, 미술계, 오타쿠, 출판계 등 특히 문화예술계에서 권력을 이용해 젊은 여성들에게 성적인 접근을 한 기성 작가들의 행동이 폭로되고 있고요. 뒤이어 작가들의 사과, 부인, 기억이 없다, 고소하겠다 등의 반응이 이어지고 있습니다. 가해자로 지목된 이들과 함께 작업하던 동료들은 황급히 자신은 정말 몰랐노라 외치며 이런 문제에 대해 더 이상 침묵하지 않겠다는 선언도 하고 있습니다. 글쎄요. 몰랐는지 알았는지에 대해 제3자가 진위를 파악할 순 없습니다만, 이 모든 상황이 꽤 익숙하기도 하네요.

많은 분들이 알고 계실 혹은 적어도 들어봤을 100인위원회 얘기입니다. 2000년에 결성된 운동사회 성폭력 뿌리 뽑기 100인위원회^{이하 100인위}의 활동은 아주 유명했습니다. 이들은 총 두 차례에 걸쳐 17건의 성폭력 사건을 세상에 공개하면서 운동사회에 큰 파장을 일으키지요. 100인위는 영 페미니스트의 대표적인 활동으로 알려져 있지만 사실 영 페미니스트들이 핵심 구성원은 아니었습니다. 그보다는 사회운동을 하던 여성 활동가들과 기존 운동조직의 권위와 위계를 문제 삼아왔던 1990년대 중반 이후 만들어진 새로운 흐름의 인권사회 단체들 그리고 여성 단체들이 주축이 되

보건의료노조에서 일어난 성폭력 사건 대책위원회 활동을 계기로 모인 6개 단위(서울여성노조, 여성활동가모임, 살맛나는세상, 성폭력근절연대회의, 평화인권연대, 동성애자인권연대)에서는 2000년 6월 20일 '이제는 말하자! 운동사회 성폭력'이라는 제목의 토론회를 개최한다. 이날 토론에서 운동사회의 광범위한 성폭력을 인지하게 된 이들은 후속 대책으로 성폭력 사건을 접수한 뒤 이들 사건의 가해자 실명 공개, 가해자에 대한 활동 제한 및 감시 체제 구축 등을 위한 100인위원회를 구성한다. 이들은 활발한 활동을 펼친 후 그 과정과 성과를 모아 「운동사회 성폭력 뿌리뽑기 100인위원회 활동백서」를 발간했다.

었다고 보는 게 정확할 겁니다.

저도 1997년에 학내에서 일어난 성폭력 사건을 지원하면서 가해자 실명 공개를 한 적이 있습니다. 사과문과 징계 등을 모두 수용했던 가해자가 갑자기 전면적으로 말을 바꿔서 최후의 수단으로 실명 공개를 단행했는데, 이후 피해자 실명 공개가 이어졌습니다. 저도 명예훼손으로 고소당했고요. 당시의 영 페미니스트들은 반反성폭력 운동을 벌이면서 대학별로 개별적인 성폭력 사건들을 지원하기도 했지만 나중에 고소·고발 등의 문제를 겪습니다. 이런 방식의 활동이 갖는 위험 부담에 대한 고민이 이어졌고, 그 결과 성폭력 관련 학칙 제정과 학생 상담실 개설 같은 제도적 요구에 집중하게 되지요.

하지만 개인보다 조직을 우선시하는 운동사회에서는 성폭력 사건 자체를 드러내기가 어렵기 때문에 제도를 만들기 위해서라도 상황이 얼마나 심각한지 공유할 필요가 있었습니다. 당시 운동사회에서 주로 이용했던 사설 BBS인 참세상에는 성추행 피해 사실이 종종 올라왔고, 조직을 보호해야 한다는 이유로 개별 피해자들이 침묵할 수밖에 없는 현실을 개탄하는 여성 논객들의 글이 끊이지 않았습니다. 100인위의 실명 공개도 참세상에 있는 wom100 게시판을 통해 이루어졌지요. 이런 공개적인 공간이 있다는 것 자체가 문제를 드러낼 수 있는 조건이었던 셈입니다.

하지만 실명이 공개된 KBS 노조 간부 강 모 씨와 소설가 박 모 씨 등은 언론사를 상대로 손해배상 청구 소송을 제기하고 피해자와 지원자들을 상대로 명예훼손 소송을 벌이는 등 격렬하게 저항합니다. 실명이 공개된 이 두 사건 모두 피해자가 다수였고, 가해용의자가 자신의 지위를 이용해 피해자에게 접근했으며, 운동사회 혹은 문단 내의 권력을 이용해 최선을 다해 이를 은폐하려 했습니다.

결국 100인위는 실명 공개 이후 그 여파로 명예훼손 역고소를 당하기 시작합니다. 다행히도 운동사회 성폭력 문제의 심각성만큼은 모두 공감했기 때문에 민주노총을 비롯한 노동운동 조직과 각계의 인권사회 운동가, 여성학자와 사회학자 등이 후방 지원에 나섭니다. 남성 사회학자 24인의 의견서, 여성 지식인 67인의 의견서, LGBT 인권 단체의 지지성명서, 거의 모든 여성 단체들의 성명서가 발표되었어요. 영 페미니스트들 역시 이에 발맞춰 '100인위의 친구들'이란 조직을 만들어 대책을 함께 논의하기도 했던 기억이 생생합니다.

트위터를 중심으로 벌어지고 있는 해시태그 성폭력 말하기를 보면서 이때의 기억이 많이 납니다. 소송으로 이어지지 않았으면 좋겠지만, 만약 그런 일이 생긴다면 모두 함께 나서서 싸울 것이니 힘내시라는 말씀을 드리고 싶습니다.

군 가산점제 위헌 판결,
여성에 대한 공격의 빗장을 풀다

PC통신의 시대가 저물면서 인터넷 시대가 열리기 직전, 영 페미니스트들에게는 굉장한 이슈가 되었던 사건이 하나 터집니다. 1999년 12월 23일 헌법재판소에서 군복무 가산점제 위헌 판결을 내리지요. 그날은 지금도 기억납니다. 당시에 미즈에서는 일일이 전화를 해서 목소리를 통해 가입 신청 회원이 여성인지를 확인하는 절차를 밟았어요. 당시에 미즈 시숍이었던 저는 그날도 열심히 전화를 돌리고 있었지요. 그러다가 그 밤에 이 판결이 나왔다는 소식을 들은 겁니다.

그날 이후 모든 여성 단체 홈페이지들은 한 달 이상 문을 닫았다고 해도 과언이 아닐 거예요. 자유게시판은 대부분 폐쇄해야 했고요. 한국여성민우회는 3개월 동안 홈페이지를 오픈할 수 없었고, 웹진 달나라 딸세포는 해킹을 당하는 등 그야말로 전방위적인 공격을 받게 됩니다. 당시에 군 가산점제 위헌을 제기했던 고소인이 이화여대에 다니는 여성 비장애인 다섯 명과 연세대를 다니던 남성 장애인 한 명이었는데, 사람들은 장애인은 빼고 나머지 다섯 명을 '이화오적단'이라고 부르면서 개인 신상정보를 털기도 했지요. 장애인실업자연대에서 군 가산점제 위헌 판결을 환영하는 성명도 발표했지만, 결국 이 문제는 여성과 남성 사이의 전쟁으로 치닫게 됩니다.

이 판결 이후 여성에 대한 공격이 심해져서 저 같은 경우에는 게시판에서 논쟁을 하다가 화가 난 남성들이 집 앞에 찾아와 가만두지 않겠다는 협박을 한 적도 있습니다. 다섯 명이 왔길래 경찰에 바로 신고했더니 다시는 같은 일이 생기지 않더군요. (웃음) 이 강의를 준비하느라 옛날 자료들을 열어봤더니 네 개의 공문서가 보였어요. 군 가산점제 위헌 판결 이후 당한 사이버 성폭력이나 스토킹을 신고해서 고소한 후 분당경찰서, 서울경찰청, 종로경찰서, 인천서부경찰서에서 받은 통지서들이었지요. 제가 하도 많이 신고를 해서 사이버 경찰서에는 제가 누군지 아는 담당 형사가 있을 정도였지만, 큰 어려움을 겪진 않았습니다. 당시에는 대부분 경찰에 신고한다고 하면 문제가 해결되었어요. 한번은 고소장을 접수하려는데 어떤 경찰분이 그냥 좀 넘어가라고 하시더군요. 그래서 지금 누구 편을 드는 거냐, 민중의 지팡이는 어디 갔느냐고 했더니 입을 다무시던 기억이 있습니다. 사회 전체가 민주화되면서 경찰을 시스템의 일부로 생각하는 게 가능했던 거지요.

1999년은 IMF 이후 재취업 일자리를 구하지 못한 여성 해고자들에다가 취직을 하지 못한 여성 구직자들이 넘쳐나던 시기입니다. IMF 이후 직장에 다니던 30만여 명의 여성이 해고를 당했으니 일자리는 적은데 그 자리를 원하는 이들은 엄청나게 많았던 겁니다. 사기업에서는 여성 취업자에게 정규직 일자리를 주지 않기 시작했고, 기존의 정규직 여성들조차 결혼했다는 이유로 쫓겨나거나 정리해고 1순위가 되던 때예요. 특히 금융계의 정리해고가 극심했지요.

1990년대는 대학 교육이 더 이상 엘리트 교육이 아닌 완전한 대중 교육으로 진입했던 시기입니다. 대학 교육이 대중에게로 확장되었고 지금과 비교하면 상대적으로 등록금이 그리 비싸지 않았지요. 그렇게 대학 교육까지 받은 많은 여성들이 제대로 된 일자리를 찾을 수 없자 공무원 시험으로 몰렸어요. 7급, 9급 공무원 시험에도 엄청나게 많은 여성들이 몰려들었는데, 한 지방직 공무원 시험의 커트라인은 100.5점이었습니다. 즉 100점 만점을 받아도 시험에 합격할 수 없었던 거예요.

군 가산점 논쟁의 핵심은 '3점'이라는 점수였습니다. 100점 만점에 3점. 이 3점이라는 점수를 극복할 수 있는 상황일 때는 상관없지만, 공무원이 거의 유일하게 남아 있는 여성에게 좋은 일자리였고 여성들이 여기에 올인하자 많이들 100점을 맞았어요. 근데도 안 되는 거예요. 이런 일이 벌어지면서 군 가산점이 공무담임권을 해치는 게 아니냐는 위헌소송을 내게 됐던 겁니다. 군 가산점은 사실 3중 혜택을 주고 있었어요. 군 복무자에게는 공무원이 되면 호봉을 챙겨줬고 승진에도 가산이 되는데 들어갈 때마저 가산점을 주는 건 문제가 있지 않느냐는 거였지요.

당대의 논쟁이 가장 불타오르던 PC통신에서는 이와 관련해 온통 난리가 났습니다. 이후 부산대 페미니즘 동아리에서 만든 웹진 '월장'에서도 그 연속선상의 설전이 이어졌고요. 제가 활동했던 미즈에는 페미니스트의 천국이나 여성학 동호회와는 달리 여성학의 훈련을 받지 않은 날것의 언어를 가진 여성들이 많았어요. 정치적으로 올바르지 않은 언어들도 다른 두 동호회에 비하면 훨씬 많이 썼을 겁니다. 그런데 그런 여성 네티즌 특유의 용맹함이 있습니다. 미즈에서 활동하던 몇몇 분들은 나우누리 플라자에 가서 이렇게 남자들을 놀려댔어요. "넌 지금 논리가 좀 부족하지만, 그래도 넌 남자니까 3점 줄게." 그런 이들이 1진으로 나가서 남자들을 놀려대고, 이후에 저 같은 이들이 2진으로 나가서 사안을 논리적으로 설명해주는 역할을 했지요.

그런데 이 놀림받은 남성들이 분노한 나머지 나우누리에서 미즈 폐쇄 청원 운동을 벌입니다. 그 근거는 상처받았다는 거였어요. (웃음) 제 친오빠가 당시에 나우누리에 다니고 있었는데, 때마침 이 사안의 담당자였어요. 그래서 미즈 폐쇄 문제에 대해서도 이야기하곤 했는데, 오빠 말로는 그때부터 PC통신에 있던 많은 여성 회원들이 성폭력 사건을 신고하기 시작했다고 합니다. 온라

예비역이 본 군대와 예비역 문화

KBS <신고합니다>를
신고합니다.

예비역이 싫은 몇 가지 이유

• 음담패설
• 내리까시란 이름의 집단 폭력
• 술자리에서의 성폭력
• 나선다? 그러나 게으르다.
• 지구를 내가 지킨다고? 울트라 수퍼 코믹 독수리 오형제

당신은 진정한 군인이 아닌가?

'여성의 목소리여! 치마를 걷어붙이고 가부장제의 담을 뛰어넘자'라는 슬로건을 내건 부산대 페미니즘 동아리 '월장'(越牆)은 2001년 4월 24일 웹진을 창간했는데, 특집 기획 기사였던 「예비역이 싫은 몇 가지 이유」가 사회적으로 큰 파장을 몰고 왔다. "술자리에서 음담패설을 일삼고 대학 내에서 군대의 위계 문화를 재현하는 예비역은 대학 내의 적"이라는 내용이 공개되면서 월장의 홈페이지는 한동안 폐쇄되었고, 이들에 대한 분노와 인신공격, 성적 폭언, 테러 위협 등이 난무했으며 이들의 신상이 무단으로 성인 사이트 폰섹스 게시판에 공개되기도 했다. 위의 인포그래픽은 월장의 활동을 소개한 《여성신문》 기사에 수록된 '도마 위의 예비역'이라는 이미지를 재작업한 것이다.

인 성폭력을 비롯해서 온라인에서 만난 후 오프라인까지 이어진 관계에서의 데이트 폭력 등이 신고되기 시작한 거지요. 즉 이런 논의가 불거지면서 그동안 가려져 있던 구체적인 폭력들이 서서히 수면 위로 올라오게 됩니다.

물론 미즈는 폐쇄되지 않았습니다. 그 대신 자신들의 분함을 못 이긴 이들이 남성학 동호회를 만들었지요. 여성과 남성 간에 서로를 놀리고 '디스'하는 문화가 이때부터 시작됩니다. 1999년 이후 지금까지 근 15년간의 인터넷 전쟁을 만들어냈던 서막이 열리게 된 셈입니다.

인터넷 시대, 페미니스트들이 펼친 새로운 기획

1990년대 초·중반이 PC통신의 시대였다면, 이후 서서히 통신사를 거치지 않고도 누구나 온라인에 접속 가능한 인터넷의 시대로 넘어갑니다. 이에 영 페미니스트들은 다음의 세 가지 활동을 집중적으로 펼쳐 나갑니다. 웹진 제작, 인터넷 여성 커뮤니티 활동, 여성주의 인터넷 언론의 창간이 그것이지요.

이렇게 가닥을 잡아나간 것은 공론장에서의 논쟁이 지나치게 감정적 파고가 큰 상태에서 다소 비정상적으로 진행되는지라 논의를 끌어가는 게 어렵다는 판단 때문이었습니다. PC통신에서 군가산점제 논쟁이 붙었을 때의 분위기로 본다면 계속 누구나 접근 가능한 공론장에 머무는 게 스스로를 소진한다는 느낌이 들기도 했고요. 그렇다면 모든 이들에게 열린 쌍방향적 공간보다는 좀더 기획된 질문과 담론을 던지고 페미니즘에 동의하는 사람들만 모인다거나 하는 식으로 이전과는 다른 방식의 접근이 필요하지 않나 하는 생각을 했습니다.

한편 인터넷에서는 페미니스트를 포함해 다양한 신진 주체들이 웹진을 제작하기 시작했고, 그야말로 웹진 붐의 시대가 열립니다. 컬티즌이나 웨이브, 달나라 딸세포 등이 당시의 대표적인 웹진인데, 이들은 온라인 출판물들을 대거 양산해내지요. 부산대 영 페미니스트들이 만든 월장 역시 웹진이었고요. 당시에 제작된 웹진들은 한국 사회에서 논쟁과 담론의 스피커 역할을 해주었습니다.

대표적인 페미니즘 웹진으로는 달나라 딸세포^{dalara.jinbo.net}를 들 수 있는데, 1998년 창간했고 17개의 웹진을 온라인으로 출판했으며 지금까지도 사이트를 유지하고 있습니다. 홈페이지에 들어가면 그때의 글들을 모두 살펴볼 수 있어요. 매번 표지를 다르게 만들고 각각의 기획 특집을 통해 이슈를 만들어가면서 인터넷에서 페미니즘을 시도해보려는 움직임이었습니다.

나중에 달나라 딸세포 멤버들이 주축이 되어 페미니즘 콘텐츠를 중심으로 하는 여성 포털 사이트와 게임 등을 만드는 '우먼웨이브'를 창립해 수다넷^{sudanet.co.kr}을 오픈하기도 했는데 시장 진입에 성공하지는 못합니다. 또다른 영페미니스트 조직 중 하나인 돌꽃모임 멤버들이 주축이 되어 만든 '여성경제네트워크 프리워'에서는 여성 노동자들을 위한 사이트를 만들기도 했어요. 금융 위기 이후 취업난에 시달리거나 직장에서 해고된 여성들이 서로 돕는 공유경제네트워크를 만들고자 하는 시도였는데, 지금 생각하면 꽤 시대를 앞서 나간 기획이었지만 역시 실험이 지속되기에는 경제적인 어려움이 컸습니다.

지금까지 활동하고 있는 언니네^{unninet.net}는 2000년에 만들어졌는데, 처음에는 웹진으로 출발했다가 커뮤니티 사이트로 방향을 전환합니다. 언니네는 본명이나 주민등록번호를 묻지 않았지만 '여성주의에 동의하십니까?'라는 질문에 그렇다고 답해야만 사이트 가입이 승인되었어요. 그런데 실제로 여기에 동의할 수 없다며 가입하지 않은 사람들이 꽤 있었습니다. 남성들의 공격으로 여성 커뮤니티들이 모두 망가져가던 때였는지라 이런 장벽을 고안해야만 커뮤니티가 유지될 수 있었어요.

2002년에 '자기만의 방'이라는 서비스를 개발해서 성공을 거두는데요. 가장 많았을 때는 1380여 개의 자기만의 방이 만들어졌습니다. 이 글들을 모아 『언니네 방』1·2, 『언니네 태그놀이』, 『언니

인터넷 시대에 페미니스트들이 만들어낸 콘텐츠들은 온라인에만 머물렀던 게 아니라 오프라인으로 나아가 다양한 출판물의 기획, 제작으로도 이어졌다. 언니네에서 기획, 집필한 출판물들은 많은 여성의 사랑을 받았는데, 동시대를 살아가는 한국 여성들의 생각과 고민을 담아낸 『언니네 방』이 그 시작이었다. 사진은 언니네에서 기획해서 펴낸 『언니네 방』과 『언니네 태그놀이』.

들, 집을 나가다』 같은 책을 만들기도 했고요. 『언니네 방』은 제가 편저를 했는데, 여성학 코너가 아니라 여성 자기계발서 코너에 소개되는 게 목표였습니다. 여성 대중들에게 어필하고 싶었던 책이었으니까요. 그 시도는 어느 정도 성과를 거둬서 한국에서만 2만여 권이 판매되었고 대만에서도 번역, 출간되었습니다. 한국 여성들의 경험을 모아서 만든 이 일련의 책들은 굉장히 소중하고 중요한 시도였다고 봐요.

자기만의 방은 지금으로 따지면 네이버 블로그와 유사한 서비스인데요. 시작은 먼저 했지만 결국 상업자본을 가진 포털 사이트에 아이디어를 빼앗긴 것 같아 분한 마음도 듭니다. 언니네는 커뮤티니 사업을 펼치면서 사이트의 크기는 커졌지만 서버 유지비가 너무 많이 들어서 운영이 꽤 힘들었습니다. 커뮤니티 중심의 사업이 만만치 않다는 걸 절감했지요.

언니네는 자기만의 방의 성공에 힘입어 2004년에 '지식 놀이터'를 만듭니다. 지금으로 따지면 네이버 지식인 같은 서비스입니다. 그것 역시 먼저 만들었는데 아이디어를 빼앗긴 셈이지요. 돈이 없어서였을까요? (웃음) 이 기획을 기점으로 언니네는 더 이상 대규모의 웹 기획과 개발이 쉽지 않겠다는 판단을 합니다. 너무 많은 돈이 드는 게 문제였어요. 지금의 언니네는 비혼, 퀴어, 레즈비언 페미니즘과 관련한 활동을 통해서 새로운 의제를 제안하는 오프라인 중심의 활동을 하고 있습니다.

언니네가 커뮤니티 기반의 웹 운동에 관심을 가졌던 것은, 무슨 일을 벌이려고 할 때 동을 띄우며 사람들을 모으는 풀을 만드는 게 목표였기 때문입니다. 상하 관계와 위계질서가 있는 조직을 만들려고 했던 게 아니라 페미니즘에 동의하는 사람들의 풀을 최대한 크게 만들어서 어떤 쟁점을 치고 나가려 할 때 사람을 모을 수 있는 플랫폼이 되기 위해 커뮤니티가 필요했던 겁니다. 회원 수가 가장 많았을 때는 5만 2천 명가량이었고, 정기적으로 메일링 서비스를 받는 사람이 4만 명 이상이었으니 어쨌든 성공한 사이트로 오랫동안 각광받은 셈이지요.

마지막으로 살펴볼 인터넷에서의 페미니즘 활동은 여성주의 인터넷 언론인데요. 2004년에 창간해서 지금까지 자리 잡고 있는 일다^{ildaro.com}를 들 수 있습니다. 주류화된 여성운동과는 다른 목소리를 가진 여성주의 자치 언론으로서 사회적인 발언을 한 매체인데요. 창간 후 1~2년 동안은 일다의 기사가 종종 네이버 메인 기사로 뜰 만큼 주목받았어요. 나중에 네이버와의 계약 조건이 달라지면서 어려움을 겪었다는 이야기를 듣기도 했습니다.

일다는 이후 독립된 출판 사업들을 펼치면서 『나, 독립한다』, 『나는 뜨겁게 보고 차갑게 쓴다』, 『그것은 썸도 데이트도 섹스도 아니다』 같은 책을 펴냅니다. 또한 2008년에 여성주의 메타블로그라는 새로운 시도를 하기도 했습니다. 일다가 주도했고 페미니스트 블로거들이 모이고 나중에 한국여성민우회가 이어가는 식으로 활동이 지속되었는데요. 페미니즘을 고민하는 여성들이 모두들 각자 흩어져서 블로그를 운영하고 있었는데, 이걸 묶어서 소통하는 구조를 만드는 모델이었지요. 한국여성민우회에서는 2009년에 페미니스트 블로거들을 한자리에 모아 '웹 2.0, 여성주의로 접속하다'라는 캠프를 열기도 합니다.

시스터본드, 사이버 마초에 대항하다

인터넷 시대의 도래와 함께 페미니스트들은 온라인에서의 운동 방향을 전환해서 고민을 진화시켜 나가는데요. 이와 함께 3대 통신사 여성 시숍과 참세상에 있던 여성 페미니스트들, 그리고 달나라 딸세포, 언니네 등이 함께 만든 시스터본드 sisterbond.jinbo.net 이야기를 빠뜨릴 순 없을 것 같습니다. 사이버 마초의 근절을 위한 사이버 페미니스트들의 연대로 시작된 시스터본드는 2000년에 웹사이트를 만듭니다. 사이버 마초에 대한 대항체로서의 모습을 외부에 보여주겠다는 결의를 하며 활동을 시작하지요.

2000년 5월 6일 《동아일보》에 실린 시스터본드 관련 기사는 이러한 활동에 대한 사람들의 관점이 어떻게 변화했는지를 여실히 보여줍니다. "시스터본드는 군 가산점 문제 등으로 여성에 대한 사이버 폭력이 급격히 늘어난 것에 대응해 결성됐다. 이러한 여성들의 움직임에 대해 온라인상에서 남성들이 어떻게 대응할지 주목된다. 최근 조직적으로 활동을 시작한 남성운동협의회 등 온라인상의 남성 모임들이 시스터본드의 활동을 마냥 지켜보고 있지만은 않을 것이라는 게 여성계의 시각이다. 여성 대 남성. 온라인에서 한바탕 전쟁이 예고되고 있다." 이전까지만 해도 온라인 성폭력이나 사이버 마초에 대한 문제 제기를 하면 수용이 되는 분위기였는데, 2000년 이후부터는 이런 식으로 사안을 관전하는 사람들이 생기기 시작합니다.

당시에 페미니스트들은 사이버 검열을 강화하고 인터넷 실명제를 실시하는 방식으로 이런 문제를 해결할 수 없다는 걸 잘 알고 있었습니다. 이미 1990년대에 미국에서 인터넷 사찰제를 도입하려다가 실패하기도 했고요. 그렇기에 시스터본드의 핵심 규칙은 이러했습니다. "니 똥은 니가 치워라. 화장실은 만들어준다. 볼 사람은 가서 봐라." 문제적인 글들은 삭제하는 게 아니라 일종의 쓰레기통을 만든 후 그곳으로 보내는 방식을 취했지요. 달나라 딸세포의 경우에는 화장실 게시판을 만든 후 문제적 게시물들을 그곳에 분리수거하는 형태로 문제를 해결하려 했고요.

나중에 분리수거된 게시물을 쓴 사람들이 세력을 형성해서 일 베^{일간베스트저장소} 같은 게 만들어질 줄은 꿈에도 몰랐지요. 당시에 버디친구닷컴에서도 '동성애 싫어'라는 게시판을 따로 만들어서 동성애 혐오자들의 글을 분류했는데, 재미가 없으니까 아무도 그런 분리수거 게시판을 보지 않았습니다. (웃음) 분리수거라는 시스터본드의 전략은 당시에는 효과적이었지만, 차후에 혐오 세력들이 자기들끼리의 놀이 문화를 만들어가는 등 인터넷 문화가 변해가면서 양상이 달라졌던 것 같아요. 하지만 당시에는 시스터본드를 통해 사이버 마초에 대한 문제의식을 확산시켜나가는 한편, 공통의 문제의식을 가진 사람들을 지키기 위해서라도 커뮤니티 중심의 사이트가 필요하겠다는 생각을 공유하게 됩니다.

당시에 LGBT들은 인터넷 사이트를 만들어서 꽤 성공을 거뒀어요. 이반시티, 티지넷, 버디친구닷컴, 엑스존 같은 사이트들이 수만에서 수십만 명가량의 회원을 모았고, 외부에서 어떤 공격이 들어오든 말든 회원들끼리 즐겁게 이야기를 나누며 놀았지요. 이런 사이트들은 그전의 PC통신 LGBT 동호회, 예를 들면 하이텔 또 하나의 사랑, 천리안 퀴어넷, 나우누리 레인보우 시절의 커뮤니티 중심성을 이어갔습니다.

하지만 PC통신에서 활동하던 넷페미들은 인터넷으로의 이동을 위한 구심점을 만드는 게 녹록지 않았어요. LGBT들은 온라인에서든 오프라인에서든 만나면 서로 즐겁게 노는 문화를 만들어 갔는데, 넷페미들은 기본적으로 논쟁을 중시하는, 싸우는 영혼들이었거든요. 그러니 그런 영혼들끼리 안온하게 모아두면 결국 안에서 계속 싸움을 벌였을 겁니다.

그 외에도 문제는 많았는데, 가장 큰 걸림돌은 자본력이었습니다. 새로운 온라인 환경에서 여성들끼리 편하게 이야기를 나누고 싶어하는 욕망을 발 빠르게 읽어낸 상업적 여성 사이트들이 우후죽순 생겨나는 것도 바로 이때예요. 자본력이 약한 넷페미들은 상업자본을 앞세운 여성 사이트들의 물량 공세에 사람을 빼앗길 수밖에 없었던 겁니다.

젠더 프리한 공간이 남초 공간으로 돌아서다

세기가 바뀐 2000년대 초반에는 필,^{Feel} 픽션,^{Fiction} 피메일^{Female}의 3F 시대가 도래했다는 말이 회자되면서 이 세 가지 키워드가 밀레니엄 시대를 지배할 것이라는 전망이 나옵니다. 피메일이 새로운 키워드로 등장한 건데, 넷페미들은 이를 페미니스트로 만들고 싶어했지만 상업적 여성 사이트들은 이를 여성 소비자로 상정하고 접근합니다.

저는 이 시점을 여성이 유저가 아닌 콘텐츠로 유통되기 시작한 시기로 보고 있습니다. 당시로선 수익 모델이 거의 없었던 인터넷에 여성이 킬러 콘텐츠 중 하나로 등장한 것도 이 시기이지요. 인터넷 유저를 끌어모으는 콘텐츠로서 여성이 자리매김된 겁니다.

물론 이전부터 여성의 섹슈얼리티는 온라인 공간의 남성 유저들을 가장 결집시키는 정보였습니다. 1997년에는 이승희의 누드 사진을 보겠다고, 1998년에는 한 여성 연예인의 섹스 장면을 무단으로 촬영한 동영상을 보겠다고 PC통신에 가입하는 사람들이 생겨났고요. 1997년 3월에 방송된 〈그것이 알고 싶다〉 '사이버 포르노' 편의 경우는, 이게 문제점을 지적하려는 건지 아니면 인터넷에 이런 게 있다는 걸 알려주려는 건지가 의심스러울 정도였습니다. 각종 언론에서 사이버 포르노에 대한 기사가 물밀듯이 쏟아지기도 했지요. 아무리 가능성을 시험해봤다고 해도, 기본적으로 네트는 남성 중심적인 공간이었습니다. 하지만 여성 유저들은 그런 데서도 꽤 큰 목소리를 내왔어요. 그러니 미즈 폐쇄 운동 같은 게 일어났겠지요. (웃음)

그렇다면 생물학적 조건에 구애받을 필요가 없었던 인터넷이 왜 다시 남성 지배적 공간이 되었을까요? 왜 이전까지는 엄연히 논쟁의 한 구도를 차지하는 유저였던 여성이 갑자기 콘텐츠가 되어버렸을까요?

2000년 이후에는 대규모 자본이 본격적으로 유입되면서 여성이 유저가 아닌 콘텐츠 혹은 소비자로 등장합니다. 피메일을 페미니스트로 만들고 싶어했던 넷페미들로서는, 이런 환경에서 페미니스트들이 도리어 피메일로 돌아가는 곤경에 처한 거지요.

그렇다면 성별 역전의 실험은 왜 불가능했던 걸까요? 온라인은 위계가 없고 젠더 프리한 언어를 통해 유연한 정체성을 실험해볼 수 있는 곳이었어요. 그렇기에 사이버 페미니즘의 새로운 가능성도 꿈꿨던 거고요. 저는 인터넷에서 논쟁을 할 때 중학교 2학년에게 생물을 가르치는 남자 교사라고 한 적도 있습니다. 여러 논쟁을 하다 보니 이 포지션이 사람들을 설득하기에 가장 유리하다는 걸 알게 되었거든요. 때론 아이가 둘인 주부로 변신하기도 하고 혹은 남자 중학생이 되어서 그래도 이런 문제는 너무하다고 분개하기도 했어요. 제가 남자인지 여자인지 무슨 일을 하는 누구인지 아무도 알 수 없으니 그게 가능했던 거지요. 이런 다양한 정체성 놀이를 해가면서 어떤 언어가 사람들에게 설득 가능한지 실험해보는 게 굉장히 재미있었습니다. 그런 걸 통해서 새로운 남성과 여성이 탄생할 수도 있지 않을까 하는 기대도 품었고요. 사이버 페미니즘을 지지하는 일군의 페미니스트들은 네트에 접속한 여성이 이전의 물질세계에서 규정된 여성과는 다른 형태의 사고 실험을 할 수 있으며 네트 안에서의 커뮤니케이션을 통해 여성 범주가 재규정될 수 있다고 생각했습니다.

하지만 온라인에서조차 성차는 꽤 분명하게 드러났어요. 일단 소통 방식부터 확연히 달랐습니다. 달나라 딸세포 5호에서는 '앨리스 인 사이버스페이스'라는 특집을 기획하면서 수전 헤링 Susan Herring의 글 두 편을 번역, 소개했어요. 「컴퓨터 커뮤니케이션에서의 성과 민주주의」, 「낡고 익숙한 것에서 새로움을 이끄는 컴퓨터 커뮤니케이션에서의 '젠더'의 차이」. 여기서 헤링은 사이버스페이스에서 남성 유저와 여성 유저의 소통 방식 차이에 주목합니다. 남성 유저들은 공격적이고 조롱조의 언어를 구사하며 끊임없이 자신을 과시하면서 잘난 척을 하는 반면 여성 유저들은 공감하는 말하기를 선호하고 서로 간에 합의를 추구한다는 거지요.

2000년을 전후해서는 온라인 게시판에 끊임없이 공격적인 글을 올려서 논쟁이 망가지는 사례가 빈번해집니다. 적대적이거나 모욕적인 말을 끊임없이 하거나 상호 소통을 부정한 채로 게시판을 자기 글로만 도배하거나 명백하게 무례한 태도로 사람들의 신경을 긁는 행위를 가리켜 플레이밍 flaming이라고 하는데요. 플레이밍을 거는 사람들을 트롤이라고 불렀기 때문에 트롤링 trolling이라고도 합니다.

공격적인 플레이밍을 즐기는 트롤들은 논쟁보다는 사람들을 괴롭히는 데 관심이 많았고, 한 커뮤니티에 들어가 게시판을 온통 도배하거나 시비를 걸면서 그 커뮤니티의 분위기와 문화를 바꿔

인터넷이 널리 보급된 후 플레이밍으로 인한 문제는 한국에서뿐만 아니라 전 세계적으로 벌어진다. 영미권에서는 인터넷에서 일부러 파괴적인 플레이밍을 일삼는 해커, 악플러, 키보드 워리어 등을 통칭해 '트롤'이라고 칭한다. 위 그림은 미국에서 만들어진 '인터넷 트롤의 고난 가득한 삶'이라는 인포그래픽.

버리는 공격을 가했어요. 상대적으로 남성 유저들이 이런 플레이밍을 즐겼고 재미있다고 생각한 반면 여성 유저들은 플레이밍이 시작되면 자기 커뮤니티의 가치가 훼손됐다고 보고서 그곳을 떠난다고 알려져 있습니다. 실제로 플레이밍이 반복될수록 여성 유저가 줄어든다는 연구도 있었지요. 헤링과 같은 이들은 남성이 플레이밍을 용인하는 경향이 높다는 걸 발견했고요.

이외에도 플레이밍이 성별에 미치는 변수에 대해서는 많은 연구들이 진행되었습니다. 2010년에 미국에서는 남녀 4500여 명을 대상으로 플레이밍보다 좀더 넓은 범주에서 인터넷 괴롭힘을 경험한 적이 있는지 조사했는데요. 모든 지표에서 여성이 더 많은 괴롭힘에 노출되어 있다는 결과가 나옵니다. S. Hinduja & J. W. Patchin, "Cyberbullying by gender", www.Cyberbullying.org, 2010. 좀더 작은 규모로 2015년에 다시 조사했을 때도 결과는 유사했고요. 한국에서는 2013년에 남성이 여성보다 더 많이 플레이밍 행동을 하며, 불법 콘텐츠 다운로드 경험이 많을수록 플레이밍을 한다는 연구가 나오기도 합니다. 주경희, 최지은, 이성규, 「인터넷 댓글 문화에서 플레이밍 행동에 영향을 미치는 요인에 관한 연구」, 《문화산업연구》 13(2), 2013, 47~57쪽. 플레이밍이 몇 차례 반복되면 커뮤니티는 초토화되거나 남초 커뮤니티로 바뀝니다. 이 시기는 트롤들이 커뮤니티 파괴에 재미를 보기 시작한 때예요. 당시에 꽤 인기를 끌었던 딴지일보도 이런 트롤들 때문에 쇠했지요.

이런 일들은 2000년대 초반까지 반복해서 벌어집니다. 그러니까 사실은 온라인에서 성별이 역전된 게 아니라 여성 유저들이 자신이 여성임을 드러내지 않거나 혹은 그 공간이 불편해져서 떠난 거라고 봐야겠지요. 15년이 지나서 그 문화에 적응한 여성 유저들이 메갈리아라는 이름으로 되돌아올 줄은 꿈에도 몰랐지만요. (웃음)

기본적으로 사이버스페이스는 강력한 텍스트 중심성을 바탕으로 BBS, 게시판, 웹진, 갤러리, 댓글 등이 발달할 수밖에 없는 구조입니다. 근데 문제가 생겼을 때 사이버 성폭력이란 개념으로 대처하면 대번 이런 반응이 날아듭니다. "그냥 싫다고 하면 되는 거잖아." "네가 로그아웃하면 되지." "왜 꾸역꾸역 싫어하는 곳에 들어와서 그걸 사이버 성폭력이라고 신고하고 앉아 있냐." 이런 말을 들으면서 페미니스트들은 한때 함께 검열 반대를 하고 유방시위를 논했던 동지들에게조차 성 보수주의자로 낙인찍힙니다. 심지어 여성가족부, 청소년보호위원회, 정보통신윤리위원회와 동급의 취급을 받으며 네티즌들의 공공의 적이 되기도 하지요.

여성 유저들, 소비자로 호명되다

한편 여성 네티즌들은 이제 온라인 유저로서뿐만 아니라 여성 전용 사이트의 소비자로 호명되기 시작합니다. 당시의 언니네는 여성 커뮤니티로서 굉장히 좋은 서비스를 제공했어요. 2002년 자기만의 방, 2004년 지식 놀이터 모두 성공적으로 론칭했고 좋은 반응을 얻었지요. 하지만 2003년 부분 유료화 조치를 취하면서 위기를 겪게 됩니다. 사실 돈이 없어서 그랬어요. 자본이 있었다면 이걸 중심으로 다른 기획들을 펼쳐볼 수 있었을 텐데, 그런 커뮤니티 중심 서비스를 지속한다는 게 어마어마한 자본이 들어가는 일이라는 걸 알게 되면서 이 문제를 어떻게 타개할지 심각하게 고민하게 되었지요.

그러던 와중에 엄청난 자본력을 가지고 거의 모든 기업들이 하나씩 여성 전용 사이트들을 만들어내기 시작합니다. 마이클럽, 팟찌닷컴, 이퀸즈닷컴, 여자와닷컴 등등이 우후죽순 생겨나요. 여자와닷컴은 가입을 하면 모든 여자들을 보석처럼 취급해주겠다며 조그만 다이아몬드를 하나씩 줬습니다. 저도 받았어요. (웃음) 이건 대규모 자본력이 없으면 도저히 따라할 수 없는 일이지요.

'선영아 사랑해'는 정말 너무 유명했습니다. 이대 앞에 이 문구가 쓰여 있는 포스터가 미친 듯이 나붙어서 모두들 "선영이가 누구냐" "선영이는 좋겠다" 얘기했지만 약간은 이상하다고도 생각했어요. 무지막지하게 돈 많은 인간이 아니면 이런 일을 하기 어

여성들의 사랑, 뷰티, 육아 정보를 제공하고 공유하는 여성 포털 사이트 마이클럽(miclub.com)은 2000년에 사이트를 개설하면서 '선영아 사랑해'라는 광고로 그 이름을 날린다. 여대 앞을 비롯해 시내 중심가마다 붙어 있던 포스터는 사람들의 호기심을 자극했고, 이후 '선영아 나였어 마이클럽'이라는 포스터가 붙으면서 이 일련의 작업이 무엇을 홍보한 것인지 밝혀진다. 마이클럽을 창립해 이 광고를 주도했던 이는 2016년 화장품 회사를 설립하면서 신제품 광고에 아이유를 출연시켜 이 광고를 오마주하기도 했다.

려운데 대체 어떤 놈이 이런 짓을 벌인 거지 싶었지요. 나중에 알고 보니 그건 마이클럽이라는 여성 전용 사이트의 선전이었어요. 이런 사이트들은 화장품이나 패션 같은 상업화된 기반을 통해서 여성 이슈에 관심 있는 여성들을 끌어모으기 시작했습니다.

그런데 상업 사이트들이 자본력을 바탕으로 여성들을 모았지만, 그럼에도 불구하고 가장 관심을 끌었던 건 언제나 익명게시판이었어요. PC통신 시절에도 미즈든 여성학 동호회든 모두 이 익명게시판이 가장 유명했습니다. 왜냐하면 생전 듣도 보도 못한 이야기들이 있는 이 게시판이 정말 재미있거든요. 미즈에서 제가 일일이 전화해서 가입 신청 회원들의 성별을 파악했던 건, 미즈의 익명게시판 글들을 긁어다가 다른 게시판에 실시간으로 중계하는 일들이 종종 벌어졌기 때문입니다.

익명게시판에는 당시로선 정말 기가 막힌 글들이 올라왔어요. 남편과는 한 번도 오르가즘을 느껴본 적이 없다는 글도 있었고, 수업 시간에 내 앞에 앉은 아이의 가랑이 사이가 궁금했다는 글도 있었지요. 사람들의 호기심을 자극하기에 충분한 글들이었어요. 여성 전용 사이트에 올라온 글들이니 여성이 올렸다는 게 명백했고요.

여성 사이트의 익명게시판에 이런 글들이 있다는 걸 알게 된 많은 남자들은 피핑 톰 Peeping Tom, 엿보기를 좋아하는 사람 이 됩니다. 그러니 매번 이걸 걸러내려는 싸움이 벌어졌지요. 여자 친구를 여성 전용 사이트에 가입시킨 다음 아이디를 공유했다가 그 아이디가 이용 중지되는 소동도 종종 일어났습니다.

언론 역시 가만히 있지 않았어요. 당시에 보도된 기사를 일부 인용해볼게요. "성에 대한 여성의 생각과 의식 변화를 실감할 수 있는 곳은 비밀스러운 이야기가 오가는 게시판이나 채팅 코너 다. (……) 우리 남편은 정상위밖에 모른다. 다양한 체위로 하고 싶은데 등등 그 발언 수위는 한껏 올라가 있다. (……) 물 관리에 나서는 곳도 있다. 물 관리의 표적이 되는 것은 거의 대부분 남성이다. (……) 이런 부류의 남성들은 십중팔구 왕따당하거나 내쫓기고 화장실에 처박히기도 한다. 흑심을 품은 글이나 짓궂은 내용의 글을 게시판에 올렸다간 사이트 한편에 마련된 화장실 코너로 던져져 악취를 마셔야 하는 것이다." 「여성 전용 사이트, 들끓는 성 이야기」, 《주간동아》 250호, 2000년 9월 7일.

이런 식으로 익명게시판의 성 이야기에 초점을 맞춰서 기사가 나오곤 했지요. 여성 전용 사이트들은 물론 상업성을 지향했지만 그럼에도 불구하고 그곳이 여성들에게 어느 정도 자신의 이야기를 풀어놓을 수 있는 공간으로 기능했던 점은 부인할 수 없을 겁니다.

아무것도 안 하는 남자들의 남자 되기 문화

이번에는 산업적 측면에서의 인터넷 시장을 살펴볼게요. 1990년대에는 IT 산업을 중심으로 벤처 붐이 일어서 엄청나게 많은 사람들이 창업을 했습니다. 당시에 언니네 운영진들과 보드 게임을 하다가 충격을 받은 적이 있어요. 실패한 사업 계획을 고르면 다시 골라야 하고 성공한 사업 계획을 고르면 전진할 수 있는 창업 프로그램 같은 게임이었는데요. 실패한 사업 계획을 골랐더니 '여성 전용 사이트 개설'이 나오더군요. 그만큼 여성 전용 사이트들이 줄줄이 망했어요. 수익 구조를 찾을 수 없었기 때문이지요.

이 위기에 빠진 닷컴 기업들의 동아줄이 되었던 게 바로 성인 인터넷 방송과 불법 포르노 유통입니다. 이걸 통해서 그나마 유료화에 성공해 몇몇 기업들이 살아남았고, 그러면서 다시 여성은 콘텐츠화되었지요. 온라인 게임 역시 점차 성인 콘텐츠화되었고요. 시장의 변화가 인터넷 환경에 변화를 만들어내기도 했고, 다양한 문화 생산자들이 시장 논리에 적응하지 못한 채 인터넷을 떠나기도 했습니다. 지금의 인터넷 공간은 이 모습이 반영된 결과이지 않을까 싶어요.

문제는 똥이 쌓이는 속도가 너무 빨라졌고, 스스로도 똥이라는 걸 알지만 똥 싸는 걸 멈추지 않는 사람들끼리 모여서 자신들의 문화를 창출해냈으며, 자신들의 행동에 의미를 부여하는 걸 증오하기 시작한 데 있습니다. 이들은 자신이 똥이라는 걸 알았어요. "내가 하고 있는 이런 짓은 모두 똥이잖아. 그런데 똥을 가지고 똥이라고 계속 이야기하는 게 무슨 의미가 있어? 내가 마초 짓을 하는 게 나쁜 일인 것도 알고, 사회를 향해서 계속 이런 식으로 불만을 얘기하는 게 문제가 있다는 것도 알아. 그런데 이런 게 다 의미 없는 걸 내가 아니까 여기 처박혀서 이렇게 떠들고 있는 거야." 이런 식의 하위문화가 생겨난 거지요.

이런 이들에게는 비판이 불가능해집니다. 전략으로서의 정치적 올바름이 불가능한 환경으로 바뀐 거지요. 2002년에 인터넷 커뮤니티를 떠들썩하게 만들었던 '아햏햏'이란 단어를 기억하는 분들이 있으실 겁니다. 아무 의미 없는 의성어 혹은 표현할 수 없는 감정 상태 등을 뜻하는 이 말은 아무것도 안 하기로서의 남성 되기와 여성 혐오의 관계를 잘 보여줍니다. 아햏햏은 디시인사이드의 엽기 갤러리에 한 일본 여성의 코스프레 사진이 올라오고, 이 여성의 외모를 비하하면서 탄생한 단어입니다. 하지만 나중에는 아무런 의미 없는 단어가 되지요. 아무것도 아니고 아무 의미도 아니라는 이런 정서 아래에 깔린 것은 과연 무엇이었을까요?

문화비평가 폴 코리건은 1970년대 중반 영국에서 계급 이동이 좌절된 하층계급 남성 노동자들이 향유하는 하위문화를 가리켜 '두잉 낫싱'Doing Nothing이라고 개념화합니다. Paul Corrigan, "Doing Nothing",

Resistance Through Rituals: Youth Subcultures in Post-War Britain, Stuart Hall & Tony Jeffeson (eds.), Harper

Collins, 1975(1991). 그야말로 아무것도 안 하기이지요. 왜 그들은 계급 상승을 위해 애쓰지 않았을까요? 왜 그들은 아까운 시간을 죽이고 있었을까요? 왜 그들은 공부도 하지 않고 노동도 하지 않고 뭔가 재미를 추구하려고도 하지 않고 그냥 길거리에 앉아서 우유갑이나 던져가면서 아무런 의미 없는 소리를 지르거나 대화도 아닌 서로의 소음을 견뎌가면서 시간을 보내고 친구가 됐다고 생각했던 걸까요?

조이스 캐넌은 이런 '아무것도 안 하기'를 "강하지만 강하지 않은 것처럼 행동하기"로서 일종의 남성 되기 전략이라고 말합니다. Joyce E. Canaan, "Is 'Doing-Nothing' just boys' play?", *Off-Centre: Feminism and Cultural Studies*, Celia

Lury & Jackie Stacey (eds.), Harper Collins, 1991. "나는 진짜 쓰레기이고 난 아무것도 아니야." 이렇게 말하면서 고개를 구부정하게 구부리고 눈도 마주치지 않고 자기가 루저라는 걸 사람들에게 보여주지만, 사실 마음속으론 나는 굉장히 다른 걸 가지고 있는 사람이라고 생각하지요. 이게 남성 문화로 표현된 거고요.

이러한 남성 되기 전략은 우리에게도 익숙합니다. 〈무한도전〉에 나오는 이들이 다 이런 남자들이잖아요. 의미 없다고 하지만 알고 보면 모두 의미가 있어요. 겉보기에는 아무런 의미가 없는 행동을 하지만 맥락을 들여다보면 사실 그 뒤에는 뭔가 있지요. 힐끗 보면 루저지만 보기보다 강하거나 능력 있습니다. 이런 유희를 남성들이 즐기는 거고요.

IMF를 겪으면서 한국의 남성들 일부도 이런 전략을 취합니다. 최대한 아무것도 안 하고 싶어하고, 모든 것이 아무것도 아니라고 이야기하면서 비판도 수용하지 않고 비판의 이유도 찾지 못하며 그런 걸 비판하는 사람들을 모두 지나치게 진지하거나 운동권이거나 특정 이데올로기를 가진 낡은 사람으로 치부하면서 그런 문화를 계속 발달시켜냅니다. 이런 문화가 이어져서 앞서 언급했던 예스컷 운동으로까지 나아가지요.

예스컷 운동의 논리는 1990년대 중반에 제정된 청소년보호법의 논리와 완전히 동일합니다. "창작은 권력이 아닙니다. 표현의 자유가 결국 표현의 폭력으로 이어집니다." 마치 그들이 허수아비처럼 세워놓고 오랫동안 증오해온 성 보수주의자 페미니스트들이 만든 것 같은 이런 구호를 들고 나타나서 자신들의 논리를 펴고 있는 겁니다.

바로 지금 '표현의 자유인가, 표현의 폭력인가'라는 논의가 재소환된 셈인데, 결국 표현의 자유란 무한대의 자유에서 실천되는 게 아니라 누구에 의한, 누구를 위한 자유가 지금 현재 필요하며

YES CUT
창작은 권력이 아닙니다.

"Girls do not need a prince." 이는 2016년의 온라인을 가장 뜨겁게 달군 문장이 아닐까. 메갈리아4에서 제작한, 이 문구가 새겨진 티셔츠를 입고 사진을 찍어 트위터에 게시한 성우 김자연은 넥슨으로부터 대체 통보를 받는다. 이에 공분한 웹툰 창작자들이 그녀를 공개 지지하자, 이에 반발하는 사람들은 이를 '독자를 무시하는 행위'로 규정하면서 별점 테러와 웹툰 사이트 탈퇴 인증을 벌여나갔다. 그다음으로 등장한 것이 바로 '예스컷 운동'이다.

어떤 자유가 억압되어 있는가를 정치적으로 구성하는 문제입니다. 표현의 자유는 진공 상태에 있는 게 아니니까요. 하지만 자신들의 행동은 의미가 없으니 이걸 가지고 진지하게 얘기하는 건 말도 안 된다고 생각하는 이들 입장에서 보자면, 실질적으로 여성이 사라져서 남초 커뮤니티화되어 있는 이 인터넷 공간에서 자신들의 의미 없어 보이는 행동을 똑같이 따라하며 뒤통수를 친 그룹, 메갈리안이라고 통칭되는 여성들이 등장했던 게 굉장히 충격적이었던 것 같습니다. 그래서 자신들이 한 행동은 여성 혐오가 아니라 아무 의미가 없는 것이며, 메갈리안이 하는 행동은 남성 혐오라고 주장하는 지경에 이르게 된 겁니다. 역사란 이렇게 반복되는가 봐요.

저는 2007년을 전후해서 넷윤리가 한 번 큰 변화를 거쳤다고 생각하는데요. 사실 그전까지만 해도 트롤이나 악플러 같은 이들이 인터넷 커뮤니티를 휩쓸고 지나가면 대부분의 인터넷 커뮤니티가 남초화될 줄 알았습니다. 그런데 놀랍게도 아니었습니다. 오히려 여초 커뮤니티들이 본격적으로 모습을 드러냈고, 남초 커뮤니티에서 남성의 언어를 배운 유저들이 사실은 자신이 여자였다고 밝히게 됩니다.

2008년 촛불 시위를 전후해서 삼국카페 여성 회원들이 정치적 주체로 등장해서 세상 사람들을 많이 놀라게 했지요. 다음 미즈넷이나 네이트 판 같은 곳은 전통적으로 여성 유저들이 많은 게시판이었습니다. 최근 들어 가장 큰 여초 커뮤니티로 호명되는 곳은 20대 여성들이 모여 있는 여성시대이고요. 그런데 이런 여성 유저들은 여초 커뮤니티 바깥에서도 종횡무진 자신의 모습을 드러내고 있습니다. 대표적인 남초 커뮤니티 가운데 하나인 디시인사이드에도 여초 갤러리들이 있어요. 남자 연예인 갤러리라든가 미국 드라마 갤러리 등이 대표적이지요. 처음에 메르스 갤러리가 등장했을 때 많은 남성 유저들은 여기서 활동하는 이들이 남성일 거라고 추측했다고 합니다. 그러다가 상황이 심상치 않다는 걸 알게 되면서 여자라는 걸 받아들였다는 거예요. (웃음) 이런 측면에서 보자면 메갈리아 현상은 여성 유저들의 커밍아웃 프로젝트로도 간주할 수 있을 겁니다.

그 많던 영 페미니스트들은 어디로 갔을까

뜨거웠던 한 시기를 거쳐온 영 페미니스트로서 말씀드린다면, 인터넷 페미니즘 조직은 오프라인보다 훨씬 자유롭다 보니 조직성이 부족해서 쉽게 와해되리라는 우려를 듣기도 합니다. 또한 기존 여성운동과의 연대나 교류가 부족하다는 지적을 받기도 하고요.

그런데 그런 비판에 민감하게 반응해서 조직성을 추구하다 보면 도리어 인터넷 커뮤니티 특유의 유희 문화를 잃어버리게 될 수도 있습니다. 그러면 현재처럼 많은 여성들의 호응을 끌어내기 힘들 테고요.

비조직적인 인터넷 커뮤니티를 중심으로 한 여성운동을 시도했다가 그게 만만치 않다는 걸 경험한 저로서는, 이 시대에 등장한 뉴 페미니스트 그룹들이 지속 가능한 모델을 만들어주었으면 좋겠다는 생각도 합니다만 결론적으론 그러지 않아도 된다고 생각해요. 지속 가능하지 않아도 괜찮아요. 움직이고 터트리고 사라지는 익명성과 유희의 문화가 인터넷의 특징이라면, 그 가운데서 지속 가능성은 중요한 가치가 아닐지도 모릅니다.

사실 대중의 지지는 언제 흩어질지 모릅니다. 대중의 지지를 추구하다 보면 도리어 그 지지가 사라지기도 하고요. 판을 기획하는 이들이 재미있어하면 대중들은 그걸 눈치채고 따라올 거예요. 영 페미니스트로서 되돌아보면 그때의 경험은 남들이 뭐라든 정말 재미있었습니다. 오히려 유희를 잃어버리지 않을 때 돈이나 조직, 지속 가능성이 따라올 수도 있어요. 안 따라와도 어쩔 수 없지만요. (웃음) 최근 들어 텀블벅 등을 활용해서 활동 가능한 기본적인 경제적 조건이 마련되고 있는 것 같아 조금은 다행이라는 생각이 드는데요. 새로운 그룹이 등장하자마자 지속 가능성을 요구하

는 것은 무리한 일입니다. 그런 걸 고민하는 분이 계신다면, 그런 그룹에게 입금을 합시다. (웃음)

뉴 페미니스트들 역시 저희와 마찬가지로 권위주의적 조직 문화나 운동권에 대한 비판을 하기도 하는데, 제가 보기에는 운동권도 천차만별이고 도태될 만한 문화를 가진 운동권들은 이미 도태되었어요. 아직 자신들이 도태됐다는 걸 모를 뿐이지요. (웃음) 그런 데 너무 힘 빼지는 않으셨으면 해요. 여러분의 새로운 언어로 새로운 화두를 펼쳐 나가면 되는 겁니다.

이와 관련해서 하나 재미있는 이야기를 해드릴게요. 제가 총여학생회 활동을 하던 때 학교에 올라가다 보면 햇볕이 너무 뜨거워서 선글라스를 끼곤 했어요. 근데 중앙운영위원회에서 한 대중 간부가 저에게 선글라스를 끼면서 학우들의 눈을 안 마주친다며 문제 제기를 하더군요. 정말 미치겠다는 생각이 들었어요. (웃음) 나한테 징계라도 먹여보시지 하는 심정으로 함께 활동하던 총여학생회 친구들 예닐곱 명이 모두 선글라스를 끼고서 학교에 올라간 적이 있습니다. 그런데 그 모습이 평범한 여대생들에게는 '쟤들은 운동권이 아니라 우리처럼 멋 부리고 싶어하거나 그런 데 관심 있는 여대생인가봐' 하는 느낌을 줬나 봐요. 심각하게 진지하지도 않고 재미있는 애들로 보였던 거지요.

한때 영 페미니스트들은 다 어딜 갔느냐는 이야기를 많이 듣곤 했습니다. 모두 살아 있습니다. (웃음) 제가 알고 있는 많은 이들이 여성 단체, 시민사회 단체, LGBT 인권 단체, 지역 풀뿌리 조직, 협동조합, 마을공동체 등에서 활동하고 있고, 기업이나 학교 등에서 당시의 문제의식을 이어가려는 노력을 하고 있어요. 저는 우리 경험이 조직적으로 남진 않더라도 개개인에게 남아 있다고 생각해요. 각자의 공간에서 다양한 방식으로 여전히 활동하고 있습니다.

기존 질서의 효용은 다했다, 즉 세상은 망했다

마지막으로 페미니즘 이슈가 불거지는 현상을 좀더 거시적으로 살펴보려 합니다. 1920~30년대, 그리고 1990년대 중반, 2015년 전후, 이 세 시기에는 굉장히 재미있는 현상이 벌어집니다. 강력한 동시대성을 띠고 전 세계적으로 새로운 여성운동이 마법처럼 등장해요. 세부적으로 보자면 1970년대에 미국에서 급진적인 여성운동의 흐름이 나타나기도 하지만, 전 세계적으로 여성운동이 반짝이며 등장한 순간은 이 세 시기라고 보시면 될 겁니다.

1920~30년대에는 아시아, 유럽, 북미를 막론해서 시간의 격차도 없이 동시다발적으로 신여성이 등장합니다. 갑자기 여자들이 바지를 입겠다고 주장하고, 자전거를 타고 다니고, 공부를 하겠다

1920~30년대에 전 세계적으로 등장한 신여성은 봉건의 시대를 깨부수고 근대를 표상하는 이들이었으며, 당시의 관습과는 다른 모습을 보여주는 파격의 상징이었다. 또한 1990년대 초반부터 등장한 사이버 페미니스트들은 사이버스페이스가 여성의 불평등한 상황을 바꾸는 열쇠가 될 수 있다는 기대를 가지고 네트를 활용하고자 했다. 왼쪽 사진은 1928년 해변에서 파자마 차림으로 동경의 긴자 거리를 활보하는 신여성의 모습. 오른쪽 사진은 사이버 페미니스트들에게 지대한 영향을 끼친, 도나 해러웨이의 1991년작 『사이보그 선언문』의 표지.

고 말하고, 자기들 입을 가지고 떠들겠다고 합니다. 이전과는 다른 여성들이 등장했다며 사람들은 너무 놀라워했어요. 1990년대 중반에도 전 세계적으로 제3세대 페미니즘이 등장했다는 말이 회자되면서 새로운 페미니스트 그룹들이 떠오릅니다. 그리고 바로 지금, 2015년을 전후해서 온라인 공간을 중심으로 조직된 새로운 여성들이 전 세계적으로 나타났어요.

이들은 모두 기존의 여성운동이나 평범한 여성들과 어느 정도의 단절을 보입니다. 기존의 여성들이 어쩔 수 없이 수행해야 했던 규범들을 더 이상 자신의 것으로 받아들일 수 없는 여성들이 나타난 거지요. 하고 싶지 않아서 싸운다기보다는 할 수 없는 존재들이 나타난 겁니다. 한 번도 본 적 없는 새로운 여성 군상들이며, 가족 중심적이고 남성 중심적인 질서에서 이탈한 여성들로 보이기도 했습니다. 세계 대공황 시기를 살아간 신여성들도 그러했고, 취직이 힘들고 가족 구조마저 재편된 시기를 살아간 영 페미니스트들도 그러했고, 경제적으로는 성장을 멈춘 듯하고 이전의 가치 체계들이 혼란스럽게 다가오는 지금의 뉴 페미니스트들도 그러합니다. 이들은 모두 섹슈얼리티, 몸, 테크놀로지 등에 대한 고민을 바탕으로 뛰어난 문화 역량을 표현해내는 그룹이에요. 새로운 시대의 새로운 언어를 완벽히 체화해서 말하는 이들이지요. 이 중 일부는 스스로를 '헬 페미니스트'라고 부르기도 하더군요.

마르크스는 이런 말을 했지요. "역사는 반복된다. 한 번은 비극으로, 한 번은 희극으로." 역사적으로 볼 때 이 새로운 여성들은 모두 기존 질서의 효용을 다한 순간 등장합니다. 즉 세상이 망하기 직전에 등장하는 거예요. 신여성이 등장한 이후 세계대전이 벌어집니다. 영 페미니스트들이 등장한 이후 한국에서는 IMF가 터졌습니다. 이 여성들이 등장하면 세상이, 한국이 망합니다. 왜냐하면 이 여성들은 기존의 질서가 완전히 망했을 때 등장할 수 있거든요. 기존 질서로부터 이탈하는 집단이 등장한다는 건, 그만큼 기존 질서의 힘이 약해졌고 더 이상은 기존 질서로부터 어떠한 것을 얻을 수 없다는 뜻입니다.

이 조짐을 읽어야 해요. 어쩌면 마지막 기회일 수 있습니다. 뉴 페미니스트가 등장한 이상 우리는 10년 이내에 망할 겁니다. (웃음) 하지만 달리 보면 우리에게는 10년이라는 시간이 남아 있습니다. 망조의 조짐을 읽고서 이 시간을 세상을 바꿔보는 기회로 여길 수도 있습니다. 저는 이 새로운 여성들의 등장을 지금 우리 사회가 어디로 가야 하는지 진지하게 고민해야 하는 징후로 읽자고 제안하고 싶습니다. 즉, 기존 질서의 효용은 다했고, 우리는 망했다는 것이지요. 이제 우리는 새로운 세계를 준비해야 합니다.

페미니즘 리부트, 새로운 여성 주체의 등장

2000년대 중반부터 현재까지

손희정 | 대중문화를 연구하는 페미니스트

페미니즘을 '덕질'로 공부했고 '최애캐'^{최고로 애정하는 캐릭터}인 권김현영 선생님에 이어 강의를 하게 된 성공한 '덕후'^{오타쿠} 손희정입니다. (웃음) 권김현영 선생님 말씀처럼 세상이 정말 하루하루가 다르게 망해가고 있는 것 같아요. 하지만 낙관적 허무주의자의 입장에서 오늘의 이야기를 시작해볼까 합니다.

권김현영 선생님과 저는 연배 차이가 얼마 나지 않지만, 선생님이 '뀐충'^{■■}이셨다면 저는 뀐충이 된 '트페미'^{트위터 페미니스트}예요. 제가 오랫동안 서울국제여성영화제에서 일을 했기 때문에 많이들 영 페미니스트라고 생각하시는데, 실제론 다소 결이 다릅니다. 페미니즘을 중심에 두고 고민하면서 대중문화를 활용해서 여성 이슈를 펼쳐보고 싶어했던 영 페미니스트들과 달리 저는 《씨네 21》을 보면서 대중문화의 장 속에서 페미니즘을 배운지라 대중문화와 훨씬 가까운 덕질 성향이 있는 페미니스트이지요. 대중문화의 장을 찢고 나온 페미니스트라고나 할까요.

강의를 요청받고서 이 강의를 하기에 제가 꽤 적절한 사람이라고 생각했습니다. 지금은 전업 페미니스트이지만 한때는 전업 네티즌이었으니까요. 저는 온라인 생활을 PC통신 유니텔에서 시작했어요. 권김현영 선생님이 그 시절에 페미니즘 동호회에서 활동하셨다면, 저는 그때 영화 동호회에서 '영퀴'^{영화 퀴즈}를 하고 있었지요. 노는 물이 달랐던 거예요. (웃음) 유니텔에 있다가 프리챌로 넘어가서 제 이름으로 된 커뮤니티를 만들었고, 싸이월드를 거쳐 블로그를 하다가 트위터에서 초창기부터 둥지를 틀고 10년을 지냈습니다. 지금은 페이스북도 하고 있고요.

시기상으로든 활동으로서든 영 페미니스트들과 다소 거리를 두고 있었지만, 저희 세대에게 영 페미니즘 운동은 일종의 기억이나 가능성, 잠재력 같은 것으로 여전히 남아 있습니다. 그렇게 이어져 내려온 것들이 지금의 시대와 만나면서 2015년에 다시금 새로운 붐을 만들어냈다고 생각해요. '나는 페미니스트입니다' 해시태그 운동으로부터 촉발된 페미니즘 붐이 과거와 단절된 것처럼 보이지만, 이는 영 페미니즘 운동까지 거슬러 올라가서 이야기할 수 있는 짧지 않은 역사 안에서 돌출되어 나온 것이라고 봅니다. 그런 연결의 맥락들을 염두에 두면서 제 경험들, 그리고 페미니스트로서 제가 가진 문제의식과 질문들을 풀어보려고 해요.

2015년 페미니즘이 리부트되다

먼저 트페미답게 트위터에서 유명하신 한규동@Han_Kyudong 님의 글을 인용해볼게요. 2016년 7월 25일 트위터에 쓰셨는데요. "페미니스트 정체화 이전에도 나는 꼴페미였고, 양인※ᐠ 여혐들의 언어에

감명받은 자들에겐 페미나치였고, 트위터에서 #나는페미니스트
다 태그를 했을 땐 트페미였고, 그 이후엔 여시였고, 최근엔 메갈
이고. 그래서 어쩌란 건가? 그 과정에서 수없이 많은 사람들이 내
게 꼴페미는 아닌지, 트페미는 아닌지, 여시는 아닌지, 메갈은 아
닌지 검증하려고 하고 '그 사악한 여자들과 네가 다르단 걸 증명
해보라'고 했다. 내가 누구 좋으라고 그래야 하는가? 한때는 '아
니에요. 꼴페미 그런 거 아니에요' 이런 설득을 하는 게 유의미하
다고 생각한 적도 있다. 하지만 (……) 그 설득을 해보아야 의미가
없다. 그건 그냥 페미니스트들에게 붙은 쌍년의 다른 이름들일 뿐
임. 그렇다면 #내가메갈이다."

이 트윗을 보는 순간 정말 기가 막힌 진단이라고 생각했어요.
한규동 님의 진단처럼 온라인에서 '말하고 생각하고 설치는' 여
성들을 가리키는 여러 가지 멸칭의 역사란 결국 온라인 페미니즘
의 수난사일 겁니다.

또 하나 인용을 해볼게요. 2016년 《시사인》 절독 사태의 시발
점이 되었던 「정의의 파수꾼들?」이라는 기사에서 천관율 기자는
이렇게 말합니다. "워마드의 혐오 발화를 문제라고 지적하는 목
소리는 설득력이 있다. 하지만 워마드식 혐오 발화만 제거되면 이
분노한 남자들이 (……) 현실을 개선하는 데 나설지는 매우 불투
명하다." 《시사인》 467호, 2016년 8월 27일. 이 역시 정확한 지적이라고 생각했

KNOW THE DIFFERENCE

FEMINIST
SHE IS YOUR FRIEND AND ALLY

FEMINAZI
SANITY IS NOT HER CUP OF TEA

온라인에서 활동하는 여성을 가리키는 멸칭은 한국에서뿐만 아니라 외국에서도 빈번하게 사용되고 있다. 그중 서구에서 한국으로 수입된 멸칭이 '페미나치'(feminazi)인데, 이는 1990년대 초반 미국의 라디오 토크쇼에서 우파 논객 러시 림보가 처음 사용해서 유행시킨 말이다. 그는 글로리아 스타이넘이나 수잔 서랜든 등을 페미나치로 규정하면서 급진적 페미니스트들을 조롱거리로 삼아왔다. 그림은 해외 웹툰 사이트에 게재된, 페미니스트와 페미나치를 구분하며 후자를 조롱하는 만화 중 일부.

어요. 왜냐하면 우린 뭘 해도 결국에는 페미년, 꼴페미, 배운 여자, 여시, 트페미, 페미나치, 메갈리아였으니까요.

권김현영 선생님의 이야기는 페미년에서 꼴페미까지, 제 이야기는 배운 여자부터 메갈리아까지일 텐데요. 이 역사를 살펴보기에 앞서 지금의 상황이 시발된 2015년 2월경, 그러니까 페미니즘이 새로이 붐업되던 시점의 이야기를 먼저 해볼게요. 저는 이를 '페미니즘 리부트'라고 부릅니다. '리부트'reboot라는 말은 영화 산업에서 쓰는 용어인데, 기존 시리즈물의 브랜드 가치를 가져오되 그 연속성은 버리고 작품의 주요 골격이나 등장인물만 차용해서 새로운 시리즈를 다시 시작하는 것을 말합니다.

대표적인 리부트물로 〈스파이더맨〉을 들 수 있지요. 1962년에 출간된 마블 코믹스의 만화를 원작으로 1967년에 TV 시리즈가 처음 제작되었습니다. 이런 원작의 세계를 바탕으로 2002년에 샘 레이미 감독의 〈스파이더맨〉이 만들어졌는데요. 3편까지 제작되면서 한 스파이더맨의 유니버스가 끝납니다. 이후 〈어메이징 스파이더맨〉이라는 이름으로 새로운 스파이더맨이 만들어지는데요. 거미의 특성을 가진 초인 영웅의 탄생이라는 캐릭터 설정이 같고, 기존 스파이더맨의 팬덤은 유지하면서도 완전히 다른 유니버스를 구축해내지요.

한국에서는 영 페미니즘 운동 이후 한동안 페미니즘의 기운이 사그라들었다고 하는데, 그러다가 2015년에 페미니즘이 재등장합니다. 저는 이걸 페미니즘 리부트라고 보는 건데요. 그 시작을 알린 사건으로 "나는 페미니스트가 싫어요"라는 글을 트위터에 올리고서 IS에 합류하기 위해 터키로 떠난 김 군 사건을 들 수 있습니다. 이 사건을 계기로 '페미니즘'이 네이버 검색어 1위로 등극하기도 합니다. 당시에 여성학자이신 정희진 선생님은 깜짝 놀라서 '있을 수 없는 일인데? 페미니스트라는 걸그룹이 나왔나?'라고 생각하셨대요. (웃음) 당시의 한국 사회에서 페미니즘이 가졌던 위상으로는 도저히 있을 수 없는 일이 벌어진 거지요.

그렇게 존재감 없던 페미니즘이 되돌아와서 리부트되었는데, 이건 사라졌던 것이기에 단절된 것이기도 하면서 과거와의 접속의 여지도 가지고 있었습니다. 또한 과거의 세계관을 가져오되 지금에 맞게 변형시켜 새로운 흐름을 만들어낸 것이기에 저는 '리부트'라는 단어로 이 현상을 설명하는 게 꽤 적절하다고 생각해요.

또 하나 비교해서 설명드릴 지점이 있는데요. 1990년대 중반에 등장한 영 페미니즘은 소비 자본주의나 대중문화에 대한 논의가 시작된 타이밍에 불거지긴 했지만 이와 면밀하게 맞붙어 있었다고 보기는 어렵고요. 오히려 1987년 제도적 민주화 이후 한국 사회가 탈권위주의 시대로 바뀌면서 질적 민주화가 진행되어가는 과정에서 영 페미니스트들이 일상 문화의 장에서 싸움을 벌여나

갔다고 봐야 할 겁니다. 반면에 2015년 이후에 등장한 새로운 페미니스트들은 소비 자본주의와 대중문화의 수혜 속에서 자란, 그래서 소비자 정체성으로부터 분리할 수 없는 이들이기 때문에 상품으로서의 특징을 보여주는 '리부트'라는 개념이 이 운동의 성격을 잘 설명해준다고 생각해요. 이와 관련한 좀더 자세한 내용은 제가 쓴 「페미니즘 리부트」《문화과학》 83호, 2015년 가을.라는 논문을 참조하시면 될 것 같고요.

영 페미니스트들이 젠더벤딩gender-bending, 남녀 구분이 없는 옷차림이나 행동을 실험해보거나 여성들이 안전하게 이야기할 수 있는 곳으로서 사이버 공간의 가능성을 탐색했다면, 2015년 이후에 등장한 새로운 페미니스트들은 광대한 네트를 가능성으로 보기보다는 삶의 조건이자 기반으로 보고 있어요. 이제 온라인과 오프라인의 삶을 구분하면서 온라인의 정체성은 거짓이고 오프라인이야말로 진정한 관계를 추구할 수 있는 곳이라고 말하는 사람은 거의 없지요. 온라인을 어떻게 활용할 것인가라는 문제를 넘어서서 그것 자체가 이미 삶의 일부인 세계로 돌입한 거예요.

실제로 2010년대 중반의 대한민국은 오프라인이 온라인의 세계를 구축한다기보다는, 온라인이 오프라인의 세계를 이끌어가고 있는 형국인 듯합니다. 예컨대 이미 오프라인 세계에서도 상용어가 된 '헐'이란 말이 온라인에서 만들어진 표현이라는 걸 기억해본다면, 언어의 측면에서 이런 전도는 이미 오래전부터 진행되어왔다고 볼 수 있을 겁니다.

트위터, 페미니즘 이슈의 중심에 서다

잠시 주춤한 때도 있었지만, 한국 사회에서 여전히 페미니즘 이슈가 가장 빠르게 유통되는 공간은 바로 트위터일 겁니다. 페미니즘 리부트 이후에는 트위터가 여혐 고발의 장이 되었다고 해도 과언이 아니에요. 한 트위터 유저의 말처럼 "굉장히 많은 셀럽들이 페미니즘의 필터에 의해 아스라이 사라져간 곳"이기도 하고요.

2016년 하반기에는 ○○ 내 성폭력 해시태그 운동이 강렬한 에너지를 가지고 트위터라는 장을 통해 폭발적으로 터져 나왔습니다. 이는 트위터가 견고한 세계의 법에 균열을 내기에 용이한 일종의 '약한 고리'이기 때문이기도 하지만, 다른 한편으론 폭로와 고백이 만들어내는 감정적 파동에 즉각적으로 접속해 감응할 수 있는 매체이기 때문이기도 할 겁니다. 이런 트위터라는 매체의 속성은 페미니즘의 문제의식이 유통되기 좋은 조건을 제공했다고 봐요.

트위터에서는 페미니즘 리부트 이전에도 페미니즘과 관련한 논쟁이 끊이질 않았는데요. 그중 한 사례를 말씀드릴게요. 오랫동안 독설닷컴이라는 블로그를 운영하고 있는 《시사인》의 고재열 기자가 2011년 트위터에 이런 글을 올렸어요. "대학 졸업하고 첫 부임해서 애들하고 친해지려고 인디안밥 하신 독어 샘~ 브래지어 끈 풀려서 당황하셨죠? 제가 슬쩍 일부러 그랬어요. 쿄쿄쿄." 이 글을 보고서 트위터에 있던 한 줌의 페미 언니들이 공분해서 이것이 '성희롱'이라고 비판했지요. 그에 대한 고재열 기자의 반응이 지금은 유행어가 된 "지랄도 풍년이다"라는 말이었고요.

이 사안만 문제였다면 페미니스트들이 그렇게까지 분개하진 않았을 텐데, 고재열 기자와 관련해서는 사실 역사가 좀 있어요. 2009년에 짧은 치마를 입고서 치마 뒤를 가리는 여성을 비아냥거리는 글이 독설닷컴에 올라온 적이 있거든요. "가리는 거냐? 봐달라고 표시하는 거냐? 그렇게 똥꼬 안 가려도 된다. 나도 눈 가리고 싶다. (……) 착하게 입었으면 행동도 착해야지." 촘촘하게 여성혐오적이라 다 지적할 수도 없지만, 무엇보다 이 글에 담긴 함의는 왜 나를 잠재적 가해자로 취급하느냐는 거였겠지요. 이후 블로그에 사과문을 게재하긴 하지만, 소위 말하는 진보 시사 주간지의 기자가 이런 글을 자기 블로그에 올릴 수 있던 시절이 있었다는 것은 기억해둘 만한 일 같습니다.

브래지어 끈 문제로 비판이 불거졌을 때 한 줌의 페미니스트들은《시사인》절독 선언을 했어요. 《시사인》에 전화를 걸어 고재열 기자 때문에 정기구독을 끊겠다는 메시지를 전달했던 거지요. 물론 한 줌이라서 아무런 영향력도 없었지만요. (웃음) 그런데 최근의 《시사인》은 오유오늘의유머나 일베가 대동단결해서 기자 두 명의 월급을 날려버리는 절독 운동을 벌이더라도 그 흐름에 굴하지 않고 스스로의 길을 가는 훌륭한 시사 주간지이지요. (웃음)

이 사례를 보면 5년가량의 시간 동안 페미니즘과 관련한 감각이 많이 변한 게 보이실 거예요. 한 언론 매체의 기자가 여성들이 공분하는 글을 올릴 수 있었던 때를 지나 이제는 그런 글을 올리면 어떤 일이 벌어질지 상상하기 힘든 변화를 포스트 메갈리아 세대들이 만들어가고 있는 거겠지요.

트위터에서는 일종의 떡밥이 던져지면 사람들이 몰려들어서 빠른 시간 내에 이 사안을 확장시키고 논의를 끌어낸 후 단숨에 싹 정리가 됩니다. 쟁점과 의제를 선점한 후 리트윗retweet, 다른 사람의 트윗을 자신의 타임라인으로 가져가는 것이나 페이버릿favorite, 다른 사람의 트윗을 자기 트위터에 갈무리하는 것을 통해 이를 자신의 상징자본으로 만들 수도 있고요. 인정 투쟁을 극도로 강화시키는 곳이면서 동시에 이 모든 것이 재미이자 유희이며 자원이기도 한 공간입니다. 물론 페미니즘 의제 역시 트위터 고유의 방식을 통해 활성화되었고요. 그러면서 몇몇의 트위터 셀렙들은 페미니즘을 일종의 액세서리로 활용하기도 했습니다.

사람들이 '진성 페미'임을 인증해야 한다는 말은 아니에요. 페미니스트인 것처럼 트윗을 날리기는 쉽지만 페미니스트로 사는 건 얼마나 어려운지 고민이 된다는 뜻이지요.

트위터를 통해 다양한 논의들이 이뤄지면서 많은 이들의 인터넷 리터러시 또한 함양되었습니다. 언젠가 이런 트윗을 본 적이 있어요. "옛날엔 2PM의 〈죽어도 못 보내〉가 참 좋았는데, 이제 이런 노래를 들으면 안전 이별을 생각하게 된다. 왜 죽어도 못 보내는 거냐?" 이렇게 서서히 '예민해지는' 사람이 늘어난 거예요. 말하자면 '프로 불편러'의 등장이랄까요? 그러면서 이전에는 미처 인지하지 못했던 여혐에 대한 제보가 매일매일 올라오게 되었고요.

2015년에 트위터를 달군 또 하나의 사건으로는 터키로 간 김 군 사건 외에 김태훈의 칼럼 사건이 있습니다. 이들 사건은 그야말로 페미니즘 리부트를 알리는 두 개의 신호탄이었지요. 《그라치아》 2015년 2월호에 실린 김태훈의 「IS보다 무뇌아적 페미니즘이 더 위험해요」라는 칼럼은 온라인에 풀리지 않은 채 오프라인 잡지에만 실렸지만, 어떤 분이 그 칼럼을 읽을 수 있게 사진을 찍어 트위터에 올리면서 회자됩니다.

우리는 '팩트' 정말 좋아하잖아요. 근데 이 칼럼은 팩트에서부터 현실 진단까지 전부, 다, 싹 틀렸어요. (웃음) 하나하나 촘촘하

IS보다 무뇌아적 페미니즘이 더 위험해요

《그라치아》 2015년 2월호에 실린 김태훈의 칼럼은 트위터를 후끈 달아오르게 했다. 터키로 간 김군의 이야기로부터 시작하는 이 칼럼은 사실관계에 문제가 있었던 데다가 "현재의 페미니즘은 뭔가 이상하다. 아니, 무뇌아적인 남성들보다 더 무뇌아적이다"와 같은 저열한 공격성 발언 때문에도 많은 여성들의 공분을 샀다. 결국 김태훈과 《그라치아》는 사과문을 발표했으며, 각종 언론에 실리는 칼럼에도 페미니즘의 필터가 적용되어야 한다는 경종을 울리는 대표적인 사례로 회자되었다.

게 다 잘못된 서술로 점철된 칼럼이었지요. 팩트의 측면에서 가장 이슈가 된 것은 "콘돔의 발명으로 여성의 성이 온전히 자율권을 갖게 된 1960년대에 페미니즘은 발생했다"라는 문장이었습니다. 다시 생각해봐도 너무 웃겨요. 페미니즘은 아무리 짧게 잡아도 19세기 말 혹은 20세기 초에 참정권 운동으로부터 시작되었고, 콘돔은 15세기에 성병을 예방하기 위해 사용되었다는 기록이 나오고 19세기 중반부터 상용화되거든요. 좋게 봐드린다 해도 피임약의 상용화와 헷갈리신 것 같고요. 게다가 "페미니즘이 발생"했다니 페미니즘이 무슨 바이러스인가 싶은 생각도 드는 문장이지요. (웃음)

2015년의 대한민국이란 이처럼 페미니즘에 대해 아무것도 모르는 사람조차 아무 말이나 할 수 있는 곳이었습니다. 이 칼럼이 이슈화된 후에 《경향신문》에서 제 인터뷰를 하면서 이렇게 물으셨어요. "도대체 페미니스트가 뭘 했길래 사람들이, 또 소년들마저 이렇게 싫어하는 겁니까?" 저는 이렇게 답했어요. "페미니스트는 한국 사회에서 아무것도 하지 않아도 늘 미움을 받습니다." (웃음)

달리 말하자면 한국 사회에서 페미니스트란 텅 빈 기표 같은 거예요. 실재하진 않지만 어딘가에 있는 것처럼 폄하하며 호명되는 김치녀처럼, 이 사회가 원치 않는 여성의 이미지들에다가 자기 생각을 말하는 여성들까지 합친 어떤 뭉텅이가 바로 페미니스트인 겁니다. 그나마 재미있는 건 이 페미니스트라는 텅 빈 기표가 점차 다양한 이름을 갖게 된 정도이지요. 페미나치, 메갈리아, 워마드처럼요. (웃음)

페미니즘이 피곤해진 시대의 풍경

이제는 시간을 거슬러 올라가서 페미니즘의 공백처럼 보이는 시기를 살펴볼게요. 권김현영 선생님은 영 페미니스트들이 다 어디 갔느냐는 질문에 안 죽고 살아 있다고 답하셨는데, 저 역시 그런 질문을 많이 받았어요. 윗세대도, 아랫세대도 모두들 저희를 못 봤다고 하지요. 그런 질문을 받는 데는 나름의 이유가 있다고 생각합니다.

저는 정치경제적 관점에서 IMF 이후 시작된 신자유주의의 확산이 페미니즘 단절의 중요한 이유 중 하나라고 봐요. 김대중과 노무현이 집권했던 '민주정부 10년'을 거치면서 질적 민주화가 진행되었지만, 다른 한편으론 경제 위기가 심화되는데요. 2007년 즈음에는 '먹고사니즘'이 모든 의제를 삼켜버리고, 대학 역시 스펙 공장이 되면서 학생운동도 거의 해소되다시피 합니다. 이런 상황에서 페미니즘 의제를 어필할 수 있는 접속 지점들이 사라져버리지요.

먹고사니즘 이외에는 말할 수 없는 세상이 열렸기 때문에 대한민국에서 CEO 대통령이 선출될 수 있었던 거예요. 그런데 CEO 대통령이 우리를 먹고살게 해줄 줄 알았건만 자기와 자기 측근들만 다 해처먹는다는 걸 알게 되지요. 이후 박근혜를 대통령으로 뽑을 때는 '설마 박근혜가 이명박처럼은 안 하겠지'라는 분위기가 있었어요. 왜냐하면 박정희는 독재를 하고 사람을 죽였지만 먹고살게는 해줬으니까요. 최소한 먹고사니즘에 대한 전통적인 윤리 감각은 있을 거라고 기대했던 건데, 박근혜가 이럴 줄은 정말 몰랐겠지요. 아무것도 안 한 정도가 아니라 누군가'들'의 꼭두각시였다는 게 밝혀지고 있고요.

이런 가운데서 평등이나 정의, 공존과 같은 가치를 이야기하는 진보적 사회운동의 자리는 사라져갔습니다. 페미니스트들 역시 시끄러운 설명충이나 진지충 혹은 꿘충으로 치부되거나 아예 시야에서 벗어나버렸고요. 물론 온라인에서든 오프라인에서든 이들의 기운이 스며 있기는 했지만요.

이 시기를 회상해볼 때 가장 먼저 떠오르는 원초적인 장면은 2000년의 '선영아 사랑해' 광고입니다. 당시에 저는 대학생이었는데, 학교 교문 앞에 이 문구가 쓰인 하얀 플래카드가 붙어 있었어요. '선영이가 누구야. 되게 좋겠다. 근데 왜 나는 선영이가 아닐까.' 저 역시 그런 생각을 했습니다. (웃음) 그런데 이 센세이셔널한 사랑 고백은 여성 전용 사이트인 마이클럽의 광고였지요. '선영아 사랑해'를 포털 사이트에서 검색하면 마이클럽이 뜨는 방식의 바이럴 마케팅이었고요. 마케팅계에서는 역사에 남을 광고였지요.

권김현영 선생님은 이를 페미니즘 운동의 관점에서 정리하셨는데, 저는 대중문화의 관점에서 바라보고 싶어요. 컴퓨터가 처음 등장했을 때 이 기계는 '갈색 가전'으로 분류되었습니다. 냉장고, 세탁기, 에어컨 등의 백색 가전은 주로 여성들이 사용하는 전자 제품이었던 반면 오디오, 비디오, 컴퓨터 등의 갈색 가전은 남성들이 주요한 이용자였지요. 초창기에 컴퓨터를 쓰던 사람들이나 PC통신 유저들은 여성보다 남성이 많았습니다. 좀더 거슬러 올라가서 윈도우즈 이전의 도스 DOS, Disk Operating System 운영 체계를 아시나요? 이용자의 측면에서 본다면 도스 시절의 컴퓨터 역시 남성의 기계였습니다.

그렇게 본다면 PC통신 시절에 온라인이 사이버 성폭력으로부터 자유롭지 못했던 건 그곳이 남초 공간이었던 탓도 있을 거예요. 사이버 페미니스트들이 온라인을 해방의 공간으로 상상했던 것과 달리 실제 온라인은 현실 세계의 어떤 면모가 좀더 극악한 형태로 펼쳐지고 있었던 거고요. 이런 맥락에서 언니네와 같은 여성들만의 안전한 커뮤니티가 필요했고, 또 그렇게 기획된 측면도 있으리라 짐작합니다.

그런데 모든 여성들이 페미니스트 온라인 커뮤니티를 편하게 생각했던 건 아니에요. 한국에서는 2000년대 초·중반으로 넘어가면서부터 페미니스트들에 대한 여성들의 반발이 시작됩니다. 서구에서는 1980~90년대에 이런 흐름이 강하게 밀어닥쳤는데요. 미국에서는 기존 페미니즘에 반발하는 한 부류로 '파워 페미니즘'이 등장하기도 합니다. 이전까지의 페미니즘이 여성을 피해자로 상정하면서 담론을 만들어왔다면, 일군의 여성들이 등장해서 자신들은 피해자가 아니며 페미니즘이 슈퍼우먼 콤플렉스를 강요해왔고 이성 파트너와의 관계도 망가뜨렸다고 주장해요. 남자가 밥값을 내도 불편하고 안 내도 불편한 딜레마에 빠지게 했다는 식의 비난을 하지요.

이처럼 페미니즘에 대한 반발은 남성뿐만 아니라 여성 대중들 사이에서도 등장했어요. 한국 사회도 페미니즘에 대해 어느 정도의 피로감을 느끼고 있었던 것 같고요. 제가 2000년대 중반에 연세대 여성인력개발연구원에서 강의를 한 적이 있어요. 여성인력개발연구원은 여학생의 진로나 생활 등을 지원해주는 훌륭한 곳이긴 하지만 이름만 들어보더라도 페미니즘과 딱 일치한다고 보긴 어려운 데잖아요. 그런데 강의를 하러 갔더니 간사 선생님이 이런 말씀을 하셨어요. "요즘 학생들에게 종종 전화가 와요. 진로 상담을 받고 싶지만 선배들이 거기는 페미니즘 하는 데니까 가지 말라고 하는데, 진짜 그러하냐고요." 1980~90년대에 한국 사회를 강타했던 빨갱이라는 말을 이제 페미니즘이 대체한 것 같다는 말도 덧붙이셨지요.

참고 삼아 남성주의의 흐름도 한번 살펴볼게요. 서구에서의 남성학은 두 부류로 나뉘는데, 하나는 페미니즘의 인식론과 방법론을 받아들이면서 남성성을 재구성함으로써 이전과는 다른 세계를 만들어가려는 흐름입니다. 그리고 나머지 하나는 68혁명 이후 페미니즘의 수혜 속에서 백인 여성의 목소리가 커지면서 남성이 힘든 상황에 처했다면서 아버지와의 관계를 회복하는 식으로, 즉 전통적인 남성성과 화해하는 방식으로 나아가야 한다는 흐름이 대두됩니다. 후자는 자신이 누려왔던 권력이 해체되거나 재구성되는 데에서 불안감을 느끼면서 자신의 권위를 다시 세우겠다는 입장입니다. 그렇다면 이는 새로운 사회를 상상하는 게 아니라 이전 사회로 돌아가려는 반발이라고 볼 수 있겠지요. 성평등을 지향하는 게 아니라 성이 평등하지 않았던 혹은 그에 대한 담론이 없었던 시절로 되돌아가는 걸 바라는 것일 테고요.

2008년에 결성된 남성연대는 후자의 방식으로 한국에서 최초로 남성이 소수자임을 강변하며 등장한 단체입니다. 남성연대에

남성연대는 2013년 7월 26일 대표였던 성재기 씨의 사망으로 수많은 언론에 그 이름이 오르내렸다. 그가 단체 활동비 모금을 위해 투신하겠다는 예고문을 올린 후 사흘 만에 한강에서 차디찬 주검으로 발견된 것이다. 이후 남성연대는 양성평등연대로 이름을 바꿔 활동하고 있다. '양성평등'은 현재 페미니스트들이 새로이 문제를 제기하고 있는 개념인데, 이를 자신의 언어로 재전유해 현재의 단체 이름으로 삼고 있는 것이다.

서는 결혼하지 못한 남성들의 불안을 달래기 위해 국제결혼을 알선해주기도 했지요. 이런 부류의 감수성이 일베를 움직이는 기본 동학 중 하나일 겁니다. 즉 나랑 결혼하지 않고 나랑 연애해주지 않는 여자들을 된장녀로 낙인찍어서 끌어내리고 후려치겠다는 거지요.

그렇게 보자면 2000년대 초·중반은 남녀 모두로부터 공히 페미니즘에 대한 반발이 시작되는 시기였던 건데요. 언니네와 같은 페미니스트 사이버 공간이 있다는 것을 모르는 여성들도 많았을 테고, 그런 공간에서는 자신의 사적인 이야기를 털어놓기 힘들다고 생각하는 여성들도 있었던 것 같습니다. 페미니즘의 정치적 올바름으로부터 벗어나 화장이나 외모 가꾸기, 다이어트, 남자 친구 이야기, 결혼에 대한 욕망, 시댁 이야기 같은 것들을 자유롭게 하고 싶었던 거지요. 또 그런 이야기를 할 수 있는, 남성들로부터 안전한 공간이 필요했고요. 이런 욕망과 접속되는 게 바로 '선영아 사랑해'로 대변되는 마이클럽과 같은 상업적 여성 사이트였습니다. 그전까지 페미니즘이 이야기했던 양성 평등은 이미 달성되었고, 우리는 그 이후로 넘어가고 있으며, 그래서 강성 페미니스트들과는 거리를 두고 싶다는 흐름을 포스트 페미니즘이라고 본다면, 이 포스트 페미니즘의 주체들 중 일부는 자연스럽게 상업적 여성 사이트로 넘어갔던 거예요.

촛불 소녀들, 배운 여자로 거듭나다

자신을 현명한 소비 주체로 간주했던 여성들은 지나치게 상업적
이었던 여성 사이트에도 불만을 품습니다. 스스로 판단해서 소비
하고 자기계발을 하면서 이 사회의 열려 있는 가능성들을 획득해
갈 수 있다고 여기는 신자유주의적인 주체가 등장한 건데요. 이런
여성들이 모여들었던 온라인 공간이 바로 삼국카페나 여성시대
같은 곳입니다.

소울드레서, 쌍코, 화장빨이라는 세 개의 카페를 가리키는 삼
국카페는 2008년 이명박 정부 때 한미 쇠고기 수입 협상 타결 이
후 광우병 시위에 나가면서 주목을 받습니다. 여기서 활동하던 여
성들은 지나치게 상업성에 함몰되지 않으면서 주체적으로 무언
가를 한다는 감각을 가지고 있었는데, 페미니스트로 특정할 순 없
지만 민주적 시민으로서의 고민을 가지고 있었지요.

이런 분들이 광장으로 나올 수 있었던 건 그전에 광장 문화가
있었기 때문일 겁니다. 시간을 거슬러 올라가보면, 2002년에는 많
은 이들이 광장으로 쏟아져 나왔어요. 월드컵이 열리면서 사람들
이 광장에서 응원을 펼쳤고, 미군 장갑차에 의해 두 여중생이 압
사당하는 일명 미선이·효순이 사건이 벌어지면서 촛불 시위도 벌
어졌지요. 당시에 교복을 입고 추모를 하러 온 10대 여성들을 '촛

불 소녀'라고 불렀고요.

2년 후에는 노무현 탄핵 문제로 다시 한번 광장에 사람들이 모입니다. 노무현은 대통령 선거를 치를 때부터 인터넷 팬덤과 결부되어 있던 인물입니다. 노사모라는 팬덤이 선거를 승리로 이끄는데 일정 부분 기여했지요. 탄핵 문제가 불거졌을 때도 이들은 자신의 공분을 적극적으로 표출했어요. 이때 만화가 강풀이 웹툰이라는 대중문화를 경유해서 대중의 감성을 건드리며 노무현에 대한 지지를 보여준 건 꽤나 인상적이었습니다.

한국에는 이런 정치적 팬덤 외에도 주목해봐야 할 중요한 팬덤이 있습니다. '빠순이'라는 이름으로 폄하하며 끌어내리려 하지만 실제로는 엄청난 파워를 가진 10대 여성들의 팬덤 문화가 바로 그것입니다. 문화란 어떤 한 부류에게만 향유되는 게 아니라 언제나 초과되고 잉여되는 부분이 있어서 그게 넘쳐 흐르면 다른 이들에게도 스며들어요. 2016년 이화여대 미래라이프대학 설립과 관련한 시위에서 학생들이 경찰과 대치하면서 소녀시대의 데뷔곡인 〈다시 만난 세계〉를 불렀잖아요. 이 사건 역시 10대 소녀들의 팬덤 문화가 넘쳐 흘러 사회에 스미면서 만들어진 감각에 의해 돌출된 것이라고 봐요. 시대를 거치면서 운동의 형식과 성격이 달라진 거겠지요.

광장 문화와 함께 10, 20대를 보냈던 여성들은 2008년 광우병 시위 때 다시 광장으로 모여드는데요. 이들의 층위는 매우 다양했습니다. 김현중 팬클럽은 "우리 오빠에게 광우병 소를 먹일 수 없다"면서 거리로 나섰고요. 유모차 부대로 대변되는 주부를 비롯해 삼국카페로 대표되는 온라인 모임 여성 등등이 광장에 나타났지요.

젠더 연구자인 류진희 씨는 2008년이 되어서 비로소 촛불 소녀들이 배운 여자로 거듭났다고 말합니다. 류진희, 「'촛불 소녀'에서 '메갈리안'까지, 2000년대 여성 혐오와 인종화를 둘러싸고」, 《사이閒SAI》 19권, 2015년 12월. 그들은 "나는 배운 여자다"와 같은 문구를 쓴 피켓을 들고 거리로 나오거든요. 혹자는 이게 먹거리 문제였기 때문에 여성들이 들고일어났다는 분석을 했는데요. 성별을 소환해 라벨링하면서 그들을 개념녀로 소환하고, 이와 대치되는 된장녀 내지는 김치녀 같은 말들을 만드는 건 상당수가 좌파 남성들이었습니다. 그러나 그런 라벨링 이전에도 언제나 광장에는 여성들이 있어왔어요.

다른 한편에서는 배운 여자들을 마치 '이대 나온 여자'라는 말이 소비되는 방식과 동일하게 간주하기도 했습니다. 즉 배운 여자라는 말을 탈맥락화한 후 이 모든 게 중산층 여성들의 유희였다고 퉁쳐버린 거지요. 메갈리아 역시 이러한 방식으로 설명되곤 하는데요. 메갈리아를 비판하는 많은 이들은 메갈리아의 '빈곤 혐오'와 '기층 혐오'를 지적합니다. 이때 '가난한 남성들'이 혐오의 대상이 된다고 하면서 계급 문제를 다시 소환하지요. 그러나 이런 식의 담론에서 그 누구도 메갈리아의 계급을 질문하진 않습니다. 당연히 엘리트 중산층 여성이라는 인식이지요. 그런데 미러링을 실천하는 메갈리안들은 실제로 빈곤한 청년 여성인 경우가 많습니다. 언제나 빈곤 청년의 얼굴이 남성으로만 상상되는 것은 우리 사회가 가지고 있는 여성 혐오의 또다른 모습일지도 모릅니다.

마지막으로 주목해서 살펴보고 싶은 것은 삼국카페 중 소울드레서의 활동입니다. 당시의 상황에 문제의식을 가진 많은 파워 블로거들이 광우병 보도를 쏟아내는《한겨레》를 도와주자며 돈을 모아서《한겨레》에 광고를 게재합니다. 소울드레서의 한 회원이 이런 광고 중 하나를 카페로 퍼오는데요. 이를 계기로 카페에서 모금을 벌인 후 광우병 사태에 대한 문제 제기를《한겨레》광고로 내보냅니다.

이때 1730만 원이 모금돼요. 이 돈으로 광고를 집행한 후 카페 회원들과 정산 결과를 공유하지요. 회원들이 매의 눈으로 보고 있기 때문에 여기에서는 사기를 칠 수가 없어요. 이런 모금 문화 역시 팬덤 문화에서 나온 건데요. 이후 소울드레서의 광고는《경향신문》과《시사인》으로까지 이어집니다.

소울드레서는 패션을 화두로 모인 여성들의 인터넷 카페로, 광우병 시위에 나선 삼국카페 중 하나다. 소울드레서 회원들은 모금을 통해 2008년 5월 17일자 《한겨레》 1면에 미국과 쇠고기 수입 재협상을 벌이라는 광고를 게재했고, 이후 《경향신문》과 《시사인》에도 유사한 광고를 연이어 내보낸다. 이런 사회 활동은 이후에도 이어져서 2012년에는 단국대 시각디자인학과 학생들과 함께 일본군 '위안부' 문제의 해결을 요구하는 수요집회용 피켓을 제작하기도 했다.

신자유주의적 자기계발의 주체로 목소리를 낸 여성들

촛불 소녀에서 배운 여자로 거듭난 이들이 굉장히 의식화되어 있었다거나 정치적으로 진보적인 주체였다고 말하려는 건 아닙니다. 그 세대의 분위기를 형성하는 중요한 결절들을 말씀드리고 싶었던 건데요. 그녀들의 역사 가운데서도 멸칭은 계속 따라다닙니다. 빠순이였던 애들이 된장녀가 되었고, 그녀들이 이제 맘충이 되었다고 하지요. 여기에서 혐오의 뉘앙스를 지운다면, 저는 이 설명이 굉장히 정확한 묘사라고 봐요. 팬덤 문화를 향유했던 10대 여성들이 자기 지갑 속의 돈을 어떻게 쓸지 결정할 수 있는 소비 주체가 되었고 다시 이들이 가정을 꾸려 주부가 된 거지요.

여기서 하나 생각해봐야 할 지점이 있습니다. 모든 여성들의 지갑에 항상 돈이 두둑하게 들어 있었던 건 아닙니다. 그런데 왜 한 달에 150만 원도 채 벌지 못하는 여성들이 뮤지컬 한 편을 보는 데 30~40만 원을 쓴 걸까요? 그들이 된장녀여서일까요? 이럴 땐 그들이 그 뮤지컬에서 무얼 찾고 있으며 무얼 얻고 있는지 질문해야 하는 게 아닐까요? 그런 질문은 탈각되어버린 채 된장녀라는 말만 맴돌아선 안 되는 거예요.

또한 이들 세대가 주부가 되었다는 건 전업 주부가 되었다는 말이 아닙니다. 결혼한 여성은 엄청나게 자기 일을 하고 있을 때

조차도 주부이긴 하지요. 누구나 마찬가지겠지만 이들의 정체성은 절대 하나로 깔끔하게 떨어지지 않습니다. 이런 식으로 개인의 정체성이 여러 경계를 넘나들며 유동적인 게 신자유주의 주체의 특징이기도 한데, 여성 혐오의 시선은 그렇게 여러 층으로 겹쳐 있는 다양한 얼굴들 중 하나를 뽑아냅니다. 스타벅스 커피를 마시는 여성의 이미지를 뽑아낸 뒤 된장녀라고 낙인찍는 식이지요.

온라인 역시 이런 혼재된 정체성을 가진 이들이 있는 공간입니다. 처음에는 상당수의 여성들이 온라인에서 굳이 스스로를 페미니스트로 정체화하지 않았어요. 오히려 '나는 페미니스트가 아니지만'의 정서가 강했지요. 하지만 이 정서가 서서히 바뀝니다. 굳이 페미니스트로서의 정체성을 내세우진 않더라도 온라인에서 페미니즘의 언어에 기대 자신이 겪고 있는 고통이나 위기, 폭력 등과 싸워 나가는 여성들이 늘어난 겁니다.

그런데 당시에 온라인에서 활동한 포스트 페미니즘적인 여성 주체들은 어쨌든 열심히 노력하면 성공할 수 있을 거라고 생각했어요. 그 노력이란 사회적으로 말하자면 자기계발이겠지요. 저는 이들의 욕망을 잘 보여주는 대중문화의 재현이 〈섹스 앤 더 시티〉라고 생각합니다. 이 드라마는 1980년대 미국 페미니즘이 추구했던 자유주의 페미니즘의 내용을 그대로 가져오면서 여성 간의 우

<섹스 앤 더 시티>는 1998년 미국의 HBO에서 제작한 드라마로, 뉴욕을 배경으로 서로 다른 개성을 가진 네 여성의 성 담론을 주요 소재로 삼고 있다. 이외에도 여성의 일, 패션, 사랑 등의 문제를 다룬 이 드라마는 미국에서뿐만 아니라 전 세계적으로 선풍적인 인기를 끌었다. 2004년 시즌 6까지 제작된 후 종영되었으며, 이후 두 차례 영화로도 만들어졌다. 사진은 네덜란드를 중심으로 활동하는 디자이너 청콩(Chungkong)이 제작한 영화 <섹스 앤 더 시티>의 미니멀 포스터.

정과 연대를 이야기하되 페미니즘이라는 이름은 싹 지워버립니다. 그 텍스트 안에서 달성된 페미니즘이란, 내가 신고 싶은 구두를 사 신고 원하는 사람과 섹스를 하는 게 가능해진 것일 테고요.

이렇게 말하면 제가 〈섹스 앤 더 시티〉를 싫어하는 사람처럼 보이는데, 실제론 시즌 6까지 다 봤어요. (웃음) 보고서 욕도 많이 했지만 여기서 페미니즘을 배우기도 했습니다. 대중문화에서 페미니즘을 배운 저로서는 이런 파퓰러 페미니즘의 영향을 어느 정도 받았고, 그것이 제 정체성을 형성하는 데 영향을 미치기도 한 거지요.

〈섹스 앤 더 시티〉의 주인공인 캐리와 같은 여성이 되고자 하는 것, 그건 지금까지도 많은 여성들이 가지고 있는 욕망 중 하나일 겁니다. 2015년 '나는 페미니스트입니다' 운동에 참여했던 여성들 역시 동일노동 동일임금을 비롯한 다양한 자유주의 페미니즘의 의제들을 제기했는데, 이 역시 그녀들이 어느 정도는 포스트 페미니즘의 영향력 안에 있는 여성이었다는 증거일 겁니다.

하지만 2010년대 초반과 2015년은 무언가 다른 점이 있습니다. 2010년대 초반까지만 해도 많은 여성들이 열심히 노력하면 섹스로 잠들지 못하는 뉴욕의 캐리가 될 수 있을 거라고 생각했어요. 하지만 시간이 지나면서 깨닫게 된 건, 우리는 뉴욕에 사는 캐리가 아니라 나의 효용을 증명해내지 않으면 내일이라도 당장 제거

될 수 있는 차이나타운에 살고 있다는 사실이지요. 이게 중요한 점입니다. '나는 페미니스트입니다' 운동으로부터 촉발된 페미니즘 붐은 세상이 망했기 때문에 등장한 겁니다.

새로이 점화된 SNS의 빛과 그늘

이번에는 잠시 화제를 바꿔서 SNS가 이슈를 만들고 관심을 끌어내는 과정에서 볼 수 있는 가능성과 한계에 대해 살펴보겠습니다. 이를 설명하는 데 가장 적합한 SNS가 트위터일 텐데요. 한국에서 트위터가 처음 시작된 게 2006년이니 이제 10년을 넘긴 서비스이고요. 트위터는 처음 생겼을 때부터 일종의 공론장으로서 굉장한 가능성을 품고 있는 미디어로 주목받았습니다.

단적인 예로 〈임을 위한 행진곡〉 '떼창' 프로젝트는 트위터의 가능성을 인상적으로 보여준 사건이었습니다. 2009년에 이명박 정부가 5·18 민중항쟁 추모 행사에서 〈임을 위한 행진곡〉 제창을 공식 식순에서 제외한 뒤 이 곡 대신 〈방아 타령〉을 넣는 일이 벌여졌습니다. 돌아가신 분들을 추모하면서 민주주의의 가치를 사유해야 할 자리에서 이런 노래를 부른다는 건 정말 극악하기 짝이 없는 일이지요. 게다가 남녀상열지사를 노래하는 〈방아 타령〉은

장례식장 같은 곳에서는 절대로 부를 수 없는 곡이고요. 이건 5·18
에 대한 명백한 모독이었어요.

이 사건이 벌어진 후 파워 트위터리안들을 중심으로 〈임을 위
한 행진곡〉 떼창 제안이 나옵니다. 개별적인 트위터 이용자들이
혼자 혹은 친구들과 함께 〈임을 위한 행진곡〉을 부르거나 연주
한 것을 녹음한 뒤 음악 편집 툴을 다룰 줄 아는 한 사람에게 보내
준 거예요. 이걸 마치 한 공간에서 부른 것처럼 하나의 곡으로 편
집해서 트위터에 올린 거지요. 피아노와 바이올린 연주도 있었고,
세계 각지에서 남녀노소를 불문한 많은 사람들이 노래를 불러서
파일을 보냈어요. 다양한 이들의 목소리와 연주가 들어간 〈임을
위한 행진곡〉이 이렇게 완성되어서 많은 환호를 받았습니다.

1990년대에 꿈꿨던 사이버스페이스의 가능성은 사실상 2000년
대 들어서면서 말소되었습니다. 이는 페미니즘 진영뿐만 아니라
진보 진영 역시 마찬가지였어요. 그런데 2006년에 등장한 트위터
가 이런 사례들을 만들어가면서 웹 2.0이라는 참여형 인터넷과 집
단지성의 가능성을 보여주는 매체로 주목받기 시작합니다. 당시
에 저는 트위터에서 페미니즘의 물결이 밀려올 거라고는 생각하
지 못했어요. 하지만 시민들이 목소리를 낼 수 있는 공간으로서는
충분히 기능할 거라는 기대를 가지고 있었지요.

미국의 《타임》지는 매년 올해의 인물을 선정하는데, 트위터가

시작된 2006년에는 컴퓨터 화면 가운데 "You"라는 단어가 적힌 커버를 내보냈어요. 네티즌이 그해의 인물이었던 거지요. 그리고 재스민 혁명과 월스트리트 점거 시위를 거친 2011년에는 올해의 인물로 "시위자들"protestors이 선정되었는데 이들의 기반은 SNS였습니다. 즉 이 일련의 시기는 어떤 가능성의 공간으로 온라인, 그리고 SNS가 등장했던 거예요.

그런데 재스민 혁명이 거둔 절반의 성공과 절반의 실패를 보면서 많은 생각을 해보게 돼요. 혁명의 발발과 함께 독재자였던 대통령을 권좌에서 끌어내렸지만 그럼에도 불구하고 민주주의를 지속해나갈 수 있는 정치적 기반이 마련되어 있지 않았기 때문에 튀니지는 내전에 휩싸이게 됩니다.

재스민 혁명 당시에 구글의 중동 및 아프리카 지역 마케팅 책임자였던 와엘 고님 Wael Ghonim 은 이집트 반정부 시위대의 구심점 역할을 하는 페이스북 페이지를 개설해요. 혹자들은 왜 구글에서 일하면서 페이스북에 페이지를 만들었느냐고 우스갯소리를 하기도 했지요. 혁명이 끝나고서 2015년에 그는 테드TED 강연에서 이렇게 말합니다. "'사회를 해방시키고 싶은가? 인터넷만 있으면 된다.' 저는 언젠가 이렇게 말한 적이 있습니다. 하지만 제가 틀렸습니다. (……) 저는 사회를 해방시키고 싶다면, 먼저 인터넷을 해방시켜야 한다고 믿습니다." 인터넷의 열기만으로는 사회가 달라지

2006년 《타임》지가 선정한 올해의 인물은 "당신"(You)이었다. 《타임》지의 전속 평론가 레브 그로스먼(Lev Grossman)은 위키피디아, 유튜브, 마이스페이스 등을 통해 펼쳐지고 있는 공동체와 협력의 스토리를 상찬하면서 웹 2.0이 많은 단점에도 불구하고 정치인 대 정치인이 아니라 사람과 사람이 전 세계적인 수준에서 서로를 이해할 수 있는 새로운 기회를 만들어내고 있다고 논평했다. 또한 《타임》지에서는 이를 강조하기 위해 거울을 인쇄한 표지를 제작, 발매하기도 했다.

지 않아요. 사회의 변화 없이 인터넷이 새로운 세계를 열어줄 거라는 믿음은 고님이 깨달았듯 허망하고 나이브한 겁니다.

SNS의 열기와 현실의 차이를 보여주는 사례는 한국에서도 많이 찾아볼 수 있습니다. 2012년 4월에 치러진 제19대 총선에서 새누리당은 152석을 획득하며 압승을 거둡니다. 트위터에서는 민주당의 압승을 예상했는데, 완전히 빗나갔지요.

일본의 사회학자 미야다이 신지宮台真司는 한 사회에서 중심 이슈가 사라진 채 소규모 집단에서만 이슈가 되는 화두를 중심으로 공동체가 형성되는 것을 섬 우주화 현상이라고 말합니다. 트위터에서 내가 보고 싶은 것만 팔로잉하고 내가 보기 싫은 건 블락해버리는 것도 그런 현상이라고 볼 수 있겠지요. 내가 오늘 누군가를 싫다고 했는데 어떤 사람이 그 사람을 좋다고 하네? 그럼 블락! 이렇게 계속 가지를 치다 보면 결국 생각이 비슷한 사람들끼리 모이게 되고 그 의견을 다수의 의견으로 간주하게 되는 일이 벌어집니다.

이를 춘심애비라는 분은 뱅뱅 이론이라는 말로 설명합니다.^춘
심애비, 「승리의 필수교양 (1) 뱅뱅 이론」, 《딴지일보》, 2012년 4월 26일. 한국에서 가장 많이 소비되는 청바지 브랜드는 아마도 뱅뱅일 거예요. 그런데 이 청바지를 입는 사람들은 자신이 뱅뱅을 입는다고 말하지 않기 때문에 얼마나 많은 이들이 이 청바지를 입는지 알 수 없습니다. 즉 내 눈에 게

스를 입었다고 말하는 사람이 많이 보인다고 해서 실제로 게스가 가장 많이 판매되는 건 아니라는 겁니다. 그런데 더 중요한 건, 게스를 입는 사람들은 게스에 대해 계속 떠들지만 뱅뱅을 입는 사람들은 이에 대해 함구한다는 사실입니다. 그래서 뱅뱅파는 게스파를 쉽게 파악할 수 있지만, 게스파는 뱅뱅파를 도저히 포착할 수 없는 거지요. SNS를 '찻잔 속의 돌풍'이라고 하는 것은 이런 의미이기도 합니다.

SNS에만 꽁꽁 갇혀 있다 보면 제대로 된 현실 인식을 하지 못한 채 이런 식으로 쉽사리 잘못된 판단을 할 수 있어요. 트위터에서의 분위기가 이 사회 전체의 분위기라면 페미니스트들이 살아가기에는 훨씬 수월하겠지만요. SNS에 매몰되지 않으면서 실제 우리가 발 딛고 있는 현실을 끊임없이 들여다봐야 하는 건 바로 이런 이유 때문입니다.

트위터, 온라인의 바다에서 시민들을 조직하다

이제 다시 본래의 이야기로 돌아와서 배운 여자들의 이후를 살펴봐야 할 것 같은데요. 2011년은 트위터에서 여성들을 페미니스트로 각성시키는 단발적인 사건들이 하나둘 터진 해입니다. 물론 지금처럼 페미니스트들의 목소리가 크진 않았고 대중적 영향력을 크게 행사하지도 못했어요. 하지만 한 줌의 페미니스트들이 세상에 던진 트윗들은 싸움의 기록이자 기억으로 남아 여전히 우리에게 영향을 미치고 있지요. 저는 이런 영향력을 '페미니스트 기억'이라고 말합니다.

2011년의 트위터를 가장 뜨겁게 달궜던 사건은 한진중공업 투쟁이었습니다. 한진중공업의 정리해고자였던 김진숙 씨가 85호 크레인에 올라가서 309일 동안 고공 농성을 벌였는데요. 초창기에는 별다른 주목을 받지 못한 채 트위터를 시작하셨어요. 그런데 저 하늘 위 크레인에 올라가 있는 이와 트위터를 통해 이런저런 이야기를 나누면서 사람들이 결집하기 시작했고, 김진숙 씨의 트윗에 파급력이 생겼지요. 그런 힘들을 바탕으로 희망버스가 조직되어서 농성에 활력을 불어넣기도 했고요.

이때 중요한 관전 포인트로 등장하는 인물이 바로 배우 김여진 씨입니다. 당시에 김여진 씨는 홍대 청소노동자 투쟁에 연대하면서 주목을 받고 있었어요. 여기에서 우리가 기억해야 할 것은 청소노동자 투쟁이 기본적으로 여성 노동운동이라는 점입니다. 김여진 씨는 여기에 연대했던 거고요. 이후 그녀는 트위터를 통해 김진숙 씨와 이야기를 주고받으면서 많은 언니들의 상상력을 가동시키지요.

개인적으로는 김진숙 씨가 농성을 마무리하고 크레인에서 내려오신 후 건강검진을 받으러 병원에 갔다가 김여진 씨와 함께 찍은 사진을 참 좋아합니다. 만삭의 김여진 씨가 김진숙 씨에게 기대 손을 잡고 있는 사진인데요. 고공 농성을 마치고 내려온 한 여성과 아이를 품은 채 싸움을 응원하고 연대해온 다른 여성이 손을 맞잡고 환히 웃고 있는 장면이 참 인상적이었어요. SNS를 통해 소통하고 연대하며 조직된 새로운 시민이 이렇게 등장한 것이지요.

그런데 실제로 많은 이들이 희망버스를 타고 내려가서 농성을 지지하고 연대를 표명했지만 두터운 차벽車壁을 넘어서진 못했습니다. 이 한계는 어떻게 해야 하나, 그리고 현재의 법제도 아래서만 투쟁을 이야기할 수밖에 없는 건가 하는 고민이 이어졌지요. 또한 투쟁하는 노동자로서 김진숙의 젠더는 왜 질문되지 않을까 하는 생각도 들었습니다.

한진중공업 투쟁이 한창일 당시에 또 하나의 충격적 사건이 보도되는데요. 그건 바로 최고은 씨의 죽음이었습니다. 시나리오 작가이자 단편영화 감독이었던 이가 21세기 대한민국에서 아사하는 사건이 벌어졌고, 이에 대한 공분이 트위터에서 넘쳐났어요. 당시에 이런 가혹한 이야기도 돌았습니다. "굶어 죽을 것 같았으면 왜 편의점에라도 가지 않았냐, 편의점 알바라도 하지." 실제로

"아이 아빠들, 해고하지 않겠다던 사업주의 약속을 믿었던 사람들…… 그들을 지키려는 크레인 위의 김진숙 님. 저의 트위터 친구입니다." 배우 김여진 씨가 부산 경찰청 게시판에 올린 글 중 일부다. 그녀는 크레인 위에 올라가기 전의 김진숙을 『소금꽃나무』의 저자 정도로 알고 있었다. 그러나 트위터는 희미하게 서로의 존재만을 알았던 두 여성이 접속할 수 있는 창구가 되어주었고, 그들이 트위터에서 주고받는 대화를 보며 많은 트위터리안들은 김진숙의 고공 농성에 관심을 갖게 된다.

최고은 씨는 죽기 직전까지 네 편의 시나리오를 완성했고 이 시나리오를 전부 영화사에 팔았습니다. 하지만 이 영화들이 제작되지 않으면서 영화사로부터 작업 비용을 받지 못했어요. 일을 안 한 게 아니라 일을 하고도 돈을 못 받은 거지요.

이 사건을 계기로 트위터에서는 영화 산업에서의 불공정 계약 문제, 아예 계약서 자체가 존재하지 않는 문제를 비롯해서 한국 사회에서 예술가의 지위에 대한 문제까지 논의됩니다. 트위터리안들은 여성 문제에만 집중하지는 않았지만 사회적인 의제를 확산시키면서 논의를 끌고 갑니다.

그런데 이즈음에 최고은 씨와 정확하게 연결된 문제였다고 보기는 어렵지만, 여성 작가의 젠더 문제와 관한 논란이 촉발됩니다. 평론가 조영일 씨가 소설가 김영하 씨와의 어떤 논쟁 끝에 날린 트윗이 문제가 되었어요. 내용인즉슨 이러했지요. "일전에도 썼지만 문학계의 여성 작가가 많은 것은 상대적으로 생계에 대한 부담이 적기 때문이다. 팔리면 좋고 그렇지 않아도 상관없다. 부모 또는 남편이 있기에." 이는 문단에서 활동하던 여성들을 비롯, 많은 페미니스트 트위터리안들의 공분을 샀습니다. 비판이 쇄도하는 가운데서 결국 그는 자신의 트윗이 여성 작가들이 경험하고 있는 사회경제적 구조에 대한 비판이었다고 주장하면서 "지금까지 내가 어떤 작업을 해온 사람인 줄 알면 이 정도는 오해하지 말고 행간을 읽어줘야 하는 거 아니냐"고 강변했습니다. 속 시원한 결론이 나지는 않았습니다만, 이와 관련해서는 트위터를 비롯해 블로그에서도 많은 글들이 나왔어요. 이를 둘러싼 논쟁을 관전하면서 여성들은 무엇이 문제인지를 좀더 첨예하게 인식하게 되었던 것 같아요.

이러한 흐름 가운데서 진행된 게 '잡년행진'입니다. 2011년 캐나다 토론토의 한 대학에서 안전 교육을 하던 경찰이 "여자들이 성폭행 희생자가 되지 않으려면 창녀처럼 옷을 입고 다니지 말아야 한다"라는 발언을 합니다. 이에 캐나다 여성들이 분노해서 시위를 벌이는데, 이를 '슬럿 워크'Slut Walk라고 해요. 여성에게는 슬럿, 즉 잡년처럼 옷을 입을 자유가 있고 그렇게 옷을 입었다고 해서 나를 폭행해도 되는 건 아니라는 주장을 펼치며 많은 여성들이 행진을 벌입니다. 이 흐름은 전 세계로 확산되는데, 때마침 고려대 의대생 성추행 사건이 벌어지면서 이를 계기로 슬럿 워크를 한국식으로 변형한 잡년행진이 기획됩니다. 트위터리안들이 여기에 많이 참여했고요.

이때 많은 언론사들이 취재를 와서 엄청나게 사진을 찍어댔어요. 잡년처럼 입은 걸 보고 싶었던 거예요. 그런데 행진에 참여한 여성들은 내 몸에 대한 소유권과 내가 무언가를 마음대로 입을 수 있는 자유를 말하고 싶었던 거지 성적 대상이 되고 싶었던 건 아니거든요. 참여한 이들 중 상당수는 평소에 입던, 자신이 원하는 차림새로 거리에 나갔지요. 그러다 보니 잡년처럼 옷을 입지 않아 실망했다는 황망한 반응도 터져 나왔는데요. 잡년행진은 이후 '잡년행동'으로 조직되어 현대자동차 하청 기업의 성희롱 부당해고 피해자와 연대하며 행진 때 모은 후원금을 전달하기도 합니다. SNS를 통해 만난 이들은 이렇게 자신의 주장을 펼치면서도 다른 활동에 대한 관심을 계속 표명해 나갑니다.

페미니즘, 일상의 언어로 여성에게 스며들다

파란만장했던 2011년을 지나 2012년에는 〈나는 꼼수다〉(이하 〈나꼼수〉) 비키니 사건이 터집니다. BBK 사건의 저격수 정봉주 씨가 감옥에 가자 한 여성이 비키니를 입은 채 "가슴이 터지도록 나와라! 정봉주"라는 글을 가슴에 쓴 '응원짤'^{응원 사진}을 보냅니다. 여기에 주진우 씨는 "가슴 응원 사진 대박이다. 코피를 조심하라!"라는 반응을 보이고, 김어준 씨는 "생물학적 완성도에 감탄"했다는 표현을 하지요.

좋게 해석하자면 이게 음란해 보이지만 이것도 표현의 자유이며 동료로서 지지를 보낸 거라는 제스처를 취하고 싶었던 것 같은

데, 결과적으로는 여성을 성적 대상화해버린 겁니다. 이에 정봉주 씨의 팬덤이었던 정봉주와 미래권력들의 한 여성이 "우리는 진보정치의 치어리더가 아니다"라고 문제 제기를 하면서 논쟁에 불이 붙지요. 이 불을 제대로 못 끄는 바람에 삼국카페는 〈나꼼수〉에 대한 지지를 철회했고, 〈나꼼수〉를 열심히 들었던 저 역시 이 사건을 계기로 한동안 팟캐스트를 멀리했습니다. 기실 〈나꼼수〉 4인방-김어준, 김용민, 정봉주, 주진우 은 정치에 무지하고 소비에만 빠져 있던 여성들을 자신들이 의식화했다는 오만에 빠져 있기도 했지요.

이 사건과 관련해 트위터가 주목했던 페미니스트의 발언은 한동안 없었던 걸로 기억합니다. 칼럼이나 제대로 된 반박 글이 나오지 않았는데, 자신할 수는 없습니다. 다만 트위터에서 공유되는 글이 없었다는 것만은 분명히 이야기할 수 있어요. 이때 혜성과 같이 등장해 트위터를 통해 많이 공유되고 우리의 '헛헛함'을 달래주었던 것이 권김현영 선생님의 《오마이뉴스》 인터뷰였습니다. 「누님들 왜 그래 부끄러워요, 했어야지!」, 《오마이뉴스》, 2012년 2월 11일.

권김현영 선생님 발언의 요지는, 그녀들을 성적으로 대상화하는 게 아니라 동료로서 인정한다면 기사의 제목처럼 "누님들 왜 그래. 부끄러워요"라는 반응을 보였어야 한다는 거였어요. 또한 그 비키니 응원 밑에 달린 온갖 성희롱 댓글들로부터 그 여성 지지자들을 지켜줬어야 했고요. 왜냐? 여성이 지켜줘야 하는 대상

이어서가 아니라 그녀들을 지킬 수 있는 발언권을 그들이 가지고 있었으니까요. 수많은 성희롱 댓글들에도 불구하고 많은 여성들이 지금 〈나꼼수〉가 하고 있는 역할을 지지하고 당신들과 함께 가겠다고 했는데, 정작 〈나꼼수〉가 댓글들과 다르지 않은 반응을 보여버린 겁니다. 지금 돌이켜보면 이런 국면들에서 트위터리안들이 때로는 140자로, 또 때로는 자신의 블로그와 연동된 긴 글로 논쟁을 이어나갔던 것이 유의미한 '페미니스트 기억'을 만들어냈던 것 같습니다.

이외에 떠오르는 사건은 영화 〈두 개의 문〉의 페미니스트 상영회 조직입니다. 2012년 6월, 용산 참사를 다룬 다큐멘터리 〈두 개의 문〉이 개봉합니다. 그전까지 성소수자 문제에 집중해 활동했던 '연분홍치마'가 용산 참사 문제를 다룬 것은 주목할 만한 일이었는데, 이때 감독들은 인터뷰 등에서 이 작품을 '페미니즘 관점'에서 만들었다는 발언을 했어요. 흥미로웠던 것은 트랜스젠더 문제를 다룬 〈3xFTM〉이나 남성 동성애자 문제를 다룬 〈종로의 기적〉 등을 통해 형성되어 있던 일종의 페미니스트 팬덤이 연분홍치마의 새로운 다큐 작업에 큰 호응을 보였다는 점입니다. 그러면서 트위터를 기반으로 느슨한 네트워크를 형성하고 있던 일군의 페미니스트들이 '사회정의와 인권, 그리고 페미니즘'이라는 주제로 〈두 개의 문〉 페미니스트 상영회를 기획하게 되지

성소수자 문제와 관련한 다큐 작업을 해왔던 연분홍치마
는 용산 참사를 다룬 다큐멘터리 <두 개의 문>을 선보이
면서 이 작품을 '페미니즘 관점'에서 만들었다고 밝혔다.
개봉 후 2012년 8월 이 영화의 페미니스트 상영회가 진
행되었는데, 이를 홍보하는 문구는 다음과 같다. "여성주
의는 소재나 젠더에 국한된 것이 아닌 세상을 보는 시선,
태도나 방법론입니다."

요. 저와 권김현영 선생님도 그 기획에 함께했고요. 트위터를 중심으로 진행된 모금으로 250여만 원을 모았고, 160명이 상영회에 참여했지요.

이와 결부해서 JYJ 팬클럽의 〈두 개의 문〉 단체 관람 역시 주목할 만한 일이었습니다. 개인적으로는 국가가 지원하고 있는 한류 산업과 연예 자본의 결탁 속에서 어떻게 연예인들이 배제되거나 억압받고 착취당하는지를 고민하던 때였는데요. JYJ 팬클럽의 활동은 팬덤이 '오빠들' 문제를 고민하다가 자본과 결탁한 국가권력의 문제로까지 진지하게 사유를 확장시킨 사례일 거예요. 이렇게 여러 곳에서 자신의 삶을 바탕으로 정치화를 해나가는 시도들이 간헐적으로 터져 나옵니다.

또한 이 시기에는 트위터에서 다양한 논의들이 불거지면서 굵직굵직한 사건뿐만 아니라 일상에서도 그 맥락과 의미를 읽어내는 작업이 시작된 것 같아요. 내가 오늘 사무실에서 어떤 성희롱을 당했는지, 오빠는 설거지를 한 번도 안 하는데 왜 나는 설거지를 해야 하는지, 이렇게 별거 아닌 일처럼 보이지만 실제로는 가부장제 문화가 체현되어 있는 일상을 재잘재잘 트위터에서 고백의 어투로 표현하기 시작한 거예요. 이후 '○○ 옆 대나무숲' 해시태그 운동에서도 이런 일상적인 성폭력과 성차별 문제가 많이 이야기되었지요.

저는 트위터에서의 이런 트윗팅이나 페이스북의 포스팅 등이 '안녕들하십니까'의 대자보나 강남역 10번 출구의 포스트잇 등과 형식적으로 연결되어 있다고 생각해요. 서로서로 계속해서 이야기를 이어나가고, 때로는 댓글을 다는 형식으로 진행되는 말의 연쇄. 확실히 온라인의 매체성은 오프라인의 매체성과 서로 연결되어 있습니다.

이후 2013년이 되면 고은태 씨의 성추행 사건이 터집니다. 대학 교수이면서 인권 단체에서 활동하던 이의 성추행이 트위터를 통해 고발된 건데요. 이걸 보면서 많은 여성들이 마음속으로 '나만 불편한가' 생각하던 것들을 공유해나가기 시작해요. 이전까진 몰랐던 트친트위터친구의 고백들을 귀 기울여 듣고 그런 기억들을 공유하면서 여성들에게 페미니즘 의제들이 굉장히 쉬운 언어로 스며들게 되지요. 그리고 이런 흐름들의 끝에 드디어 메갈리아가 한국 사회에 등장합니다.

여성 혐오를 미러링하는 메갈리아가 나타났다

페미니즘 리부트의 시기를 거쳐 메갈리아가 그 존재를 세상에 드러낸 후 한국 사회에는 엄청나게 폭발적인 에너지가 흐르기 시작합니다. 그걸 제 경험을 빗대어 말씀드리면, 파워풀한 페미니즘 의제를 가진 영화가 상영되고 나서 의식 있는 감독이 관객과의 대화를 할 때의 느낌이에요. 제가 서울국제여성영화제 스태프로 오래 일하면서 가장 좋아했던 시간이 바로 이 순간이지요. 저에게 영화란 단지 스크린에서 끝나는 게 아니라 그 스크린에서 흘러 넘쳐 관객들에게 스며들고 그렇게 스며든 에너지가 극장 밖으로 나가면서 비로소 시작되는 것인데요. 그런 일련의 과정의 절정이 바로 관객과의 대화 시간이에요. 저는 메갈리아 이후의 한국 사회가 그런 에너지로 가득 차 있다는 느낌이 듭니다. 물론 그 에너지를 누르려는 엄청난 혐오의 에너지도 함께 느껴지긴 하지만요.

사실 2005년을 기점으로 10여 년간 페미니즘은 대중운동으로서 말 걸기에 실패한 측면이 있습니다. 그래서 2015년을 기점으로 벌어진 사건들이 그전의 페미니즘과 단절되어 뿌리 없이 등장했다고 보시는 분들도 계시고요. 하지만 저는 광대한 네트에서 기억의 조각으로 페미니즘의 문제의식들이 계속 떠다니고 있었다고 생각해요. 우리가 다 사라졌다고 생각했던 그 영 페미니스트들은 실제로 트위터리안의 얼굴로 모니터 앞에 앉아 있기도 했고요. 그건 제가 트위터를 통해 페미니스트들과 네트워킹을 하면서 발견한 사실이기도 해요.

앞서 잠깐 언급했듯 많은 사람들이 메갈리아를 엘리트 중산층 여성으로 치부해버리는데요. 저는 메갈리아의 미러링이 어떤 측면에서는 정말 못 먹고 못 살게 된 젊은 여성들의 아우성으로부터 나왔다고 생각합니다. 이 헬조선에서 아무리 '노오력'해도 되지 않는다는 걸 깨달은 여성들이 기댈 수 있는 게 페미니즘의 언어였고, 메갈리아 역시 그 에너지를 가지고 치고 나온 게 아닌가 싶어요. 그렇게 본다면 도덕적인 이유로 메갈리아를 비판하는 이들이 상상하는 중산층 메갈리아는 사실상 없는 거지요.

다른 한편에선 메갈리아의 미러링을 논하면서 이 작업이 남성의 언어를 끌어온 것이기에 여성의 말은 아닐 거라는 평을 합니다. 메르스 갤러리에서 "이 구멍 저 구멍 쑤시고 다닌 좋은 사실 기분 나쁘잖아요" 같은 식의 메갈리안 문학을 시전했을 때 사람들은 믿지 않았어요. 여자일 리가 없어. 분명 남자일 거야. 이런 말들에는 '이렇게 험한 말을 하는 여자가 있을 리 없어'와 함께 '이렇게 여자들이 유머러스할 리가 없어'라는 함의가 들어 있지요. 하지만 그것은 여성들의 언어였습니다.

사실 디시인사이드 같은 곳에서는 여성들이 자신의 성별을 잘 못 드러내잖아요. 여자라고 하면 밟혀서 축출당하니까요. 그런 공간에서 남성을 연기했던 여성들이 있거든요. 스스로를 '게이'^{게시} ^{판 이용자}라고 하면서 남성형으로 존재했던 네티즌들이 있는데, 저는 이들이 코르셋을 벗을 수 있는 상황에서 여성형으로 재등장한 게

127

메갈리아는 2015년 6월 만들어진 웹사
이트로, 디시인사이드 안에 있던 '메르
스 갤러리'와 여성주의 소설 『이갈리아
의 딸들』의 제목을 조합해서 그 이름을
만들었다. 메갈리안은 여성을 모욕하
는 혐오 발언의 주어를 남성으로 바꿔
서 되돌려주는 미러링 전략을 통해 현
실의 문제를 폭로하는 방식을 취했다.
이들은 한편에서는 새로운 세대의 여
성운동이라는 찬사를, 다른 한편에서는
혐오를 재생산하여 성별 대립이 격화되
는 문제를 낳았다는 비난을 동시에 받
으며 한국 사회의 뜨거운 이슈로 떠올
랐다.

메갈리아가 아닌가 싶습니다. 결국 메갈리안들이 했던 미러링은 단기간에 남의 언어를 훔쳐와서 만들어낸 게 아니라 정확하게 여성들이 자신의 언어를 구사한 것이었지요. 그게 네티즌의 언어이기도 하고요. 여기서 기억해둘 만한 것은, 여성들도 '타자를 혐오하는 언어유희'를 즐길 수 있었다는 점입니다. 다만 이때까지 이를 적극적으로 향유하지 않았을 뿐이지요.

일베는 여전히 일베로 있고 심지어 오유도 일베가 되는 이 와중에 여성을 비롯한 다양한 소수자에 대한 혐오를 유희로써 즐겼던 이들이 놓여 있는 자리와 미러링을 통해 그 혐오 발화를 되받아쳤던 메갈리안들이 놓여 있는 자리를 비교해보세요. 그럼 "일베는 메갈이다"라고 이야기하는 게 왜 말이 안 되는지 정확히 이해할 수 있을 겁니다. 이것이야말로 여전히 메갈리아가 세계를 망치고 있다고 생각하는 분들이 살펴봐야 할 지점이에요.

일베나 오유 유저들은 그 자리에 그대로 머물면서 계속 소수자를 혐오하고 있고 자신들은 많은 것을 박탈당했으며 한 번도 가부장제의 수혜를 받은 적이 없다면서 꽹꽹 울고 있어요. 그런데 이 세계의 법칙을 깨는 새로운 사건을 경험한 메갈리안들은 포스트메갈리아 시대를 열어가고 있습니다. 어떤 여성들은 여전히 메갈리아이고, 어떤 여성들은 워마드이고, 또 어떤 여성들은 메갈리아나 워마드와 나름의 선을 그으면서 다른 방향으로 다양한 페미니즘 의제를 향해 나아가고 있다는 말입니다.

실제로 페미당당, 페미디아, 부산페미네트워크, 강남역 10번 출구, 불꽃페미액션, 리벤지 포르노 아웃 등의 다양한 모임들이 만들어졌고, 그들은 그 안에서 계속 학습하면서 자신의 의제를 어떻게 확장시켜나갈지 고민하고 있어요. 구체적으로 몇 가지 사례를 들여다보자면 페미당당은 가능성 여부는 차치해두더라도 페미니스트 정당 창당의 상상력을 실험해보고 있고, 페미디아는 협동조합이라는 자본주의의 세계를 뒤흔드는 다른 방식의 물적 토대를 고민하면서 나아가고 있지요. 저는 이런 시도들이 처참하게 실패할 수도 있다고 생각합니다. 하지만 중요한 것은 변화를 도모하는 움직임이 어떤 상상력을 바탕으로 시도되었는가일 겁니다.

그렇게 페미니즘이 힘을 보여주기 시작하면서 "페미니즘은 돈이 된다"는 말도 회자되었습니다. 이때의 돈은 끝없는 축적을 목표로 하는 자본주의적 자본이라기보다는, 이 사회에서 교환될 수 있는 가치이자 영향력으로서의 '파워'와 동의어라고 봐요. 이런 생각들을 칼럼으로 정리하기도 했는데요. 손희정, 「페미니즘은 '파워'가 된다」, 《경향신문》, 2016년 7월 5일.

이 글이 몇몇 좌파 남성 지식인들을 불편하게 한 모양이에요. 권력을 해체하려는 게 아니라 권력이 되려는 페미니즘이라며 비판을 받기도 했지요. 그런 비판을 들으면서 저도 의문이 생겼습니다. 그런 비판을 하는 이들에게 "파워 투 더 피플"의 '파워'는 무얼 의미하는 걸까요? "민중에게 권력을!"이라는 구호에서 그 권력은 과연 '전횡하는 권력'을 의미하는 걸까요? 때때로 페미니즘을 반대하는 데 너무 집중한 나머지 문해력을 잃는 남성들을 보면 할 말을 잃게 됩니다. 또 한편으로 권력이 남성 중심적으로 구성되어 있는 상황에서 여성이 권력이 된다는 건 그 자체로 권력의 해체가 될 수도 있다는 것 역시 한번 생각해봐야 하지 않을까요?

사실 저는 2015년에 「페미니즘 리부트」라는 글을 쓸 때만 해도 소비자 주체성이 강한 포스트 페미니즘 주체들에게서 운동의 가능성을 엿볼 수 있을까 하는 의구심을 품었습니다. 그래서 "나는 페미니스트는 아니지만 동일노동 동일임금을 원해" "나는 페미니스트는 아니지만 성차별을 안 받았으면 좋겠어"라고 말할 때 '나는 페미니스트는 아니지만'이라는 말에 방점을 찍었어요.

하지만 이후 1년여의 시간 동안 메갈리아와 더불어 등장한 새로운 주체들의 활동을 보면서 제 방점은 완전히 달라졌습니다. '나는 페미니스트는 아니지만 무언가를 원해'라는 이 희망 안에 실제로 페미니즘이 살아 있었던 게 아닌가 싶어요. 저는 페미니즘의 이름을 유지하는 것은 별로 중요하지 않다고 생각합니다. 페미니즘이 사라진 것처럼 보였을 때도 인터넷을 떠다니는 기억의 조각으로, 그런 잠재성으로 페미니즘은 살아 있었어요. 여성들의 사유 체계와 세계관 안에 페미니즘 의제들이 이미 녹아들어가 있는 거고요.

이와 관련해 제 지인에게 들은 인상적인 말이 하나 있습니다. "페미니즘에는 '휴덕' 덕질을 쉬는 것은 있되 '탈덕' 덕질을 그만두는 것은 없다." 페미니즘의 이름이 산화되어서 사라질 수는 있겠지만 페미니즘 이라는 정치적 언어를 필요로 하는 순간이 다가오면 언제든 지금 처럼 되돌아올 수 있을 거예요. 권김현영 선생님의 말을 빌리자면 세상이 망할 때마다 되돌아오는 거지요.

워마드, 차이의 딜레마 사유하기

이번에는 제가 아직까지 풀지 못한 고민을 나눠보고 싶습니다. 메 갈리아와 워마드의 미러링 활동을 보면 소수자 혐오의 정서가 눈 에 들어와요. 그게 남성 성소수자를 비하한 '똥꼬충' 사태를 거쳐 메갈리아와 워마드가 분화된 이유이기도 하고요. 그전에는 코피 노를 경유해서 '한남충'을 비난하는 와중에 결혼이주 여성이나 외국인 노동자에 대한 혐오가 표출되기도 했습니다. 메갈리아 안 에는 한국 사회가 제시해온 '정상 가족 이데올로기'를 내면화한 시스젠더 헤테로[Cisgender Hetero, 성소수자를 제외한 이성애자] 원주민 여성의 입장이 어느 정도 내재되어 있습니다. 이는 성노동자에 대한 혐오와도 연결되어 있고요.

이런 관점을 바탕으로 강남역 살인 사건에 대해서도 다시 한번 생각해볼 수 있겠지요. 이 살인 사건은 우리 모두 알고 있는 것처럼 전혀 새로운 사건이 아니었습니다. 한국에서 여성들은 계속 살해당해왔고, 비극적이게도 이런 페미사이드는 앞으로도 계속될 터입니다. 다만 강남역 살인 사건이 달랐던 건 각성한 여성들이 '평등해야 안전하다'는 감각을 가지고 길거리로 나섰다는 점일 거예요.

그런데 만약 강남역에서 살해당한 여성이 결혼이주 여성이었다면 반응이 어땠을까요? 실제로 한국에서는 수많은 결혼이주 여성들이 극심한 학대와 폭력에 노출되어 있고, 맞아 죽거나 불타죽는 일도 벌어졌습니다. 하지만 강남역 살인 사건처럼 폭발적인 반응은 없었지요. 물론 강남역 10번 출구로 여성들이 뛰쳐나왔던 건 우리가 코르셋을 벗기 시작했기 때문입니다. 하지만 희생자가 '우리'가 쉽게 동일시할 수 있는 여성이 아니었다면 이런 흐름이 형성될 수 있었을까요? 이런 질문을 우리 내부에 던져볼 필요가 있지 않을까 싶어요.

이런 이유들 때문에 저는 워마드와 선을 긋고 싶어했습니다.

메갈리아는 이제 거의 해소되어 페미니스트의 다른 이름이 되었다고 생각한 반면, 계속되었던 워마드의 활동은 다소 불편한 지점이 있었기 때문입니다. 워마드 중 한 분은 이런 태도를 '도덕주의적'이라고 지적하시더군요. 틀린 말은 아니라고 생각합니다. 어쨌거나 저는 워마드가 페미니즘 운동이라고 생각하면서도 '나는 워마드가 아니야'라는 식으로 경계를 해왔지요. 이것이야말로 우리 시대의 페미니스트가 취할 수 있는 가장 안전한 스탠스일 테고요. 워마드의 센 발화들이 불러일으키는 관심과 에너지에 기대면서, 워마드의 정치적으로 올바르지 않음은 버려버리는 거지요. 페미니스트로서 제가 취할 건 다 취하면서요. 그런데 이게 사실은 새로운 페미니스트 주체 중 하나이면서 저와는 약간 다른 입장을 가지고 있는 젊은 여성들을 도구화한 건 아닌가 하는 고민이 있습니다.

워마드에 대한 제 생각의 변화는 페미니스트로서 제가 이 운동과 사회를 어떻게 사유해야 하는가에 대한 고민에서 비롯된 거예요. 이런 고민이 시작된 건, 2016년 9월 한국여성재단에서 주최한 '2016 여성회의'에서 새로운 페미니스트 주체들을 만나면서부터입니다. 그 자리에서는 이들은 '영영 페미니스트'라고 불렸어요. 거기에 워마드 활동을 하다가 고소당한 분이 오셨는데, 실제로 대면해서 이야기를 들으니 이제까지 추상화해서 바라보던 워마드를 좀더 구체적으로 생각해보게 되더군요.

페미니스트로서 저에게 워마드는 딜레마이자 질문거리예요. 실제로 워마드에서 활동하던 많은 분들이 지금 고소·고발 때문에 인터넷상에서의 시민권을 완전히 박탈당한 상태라고 하더군요. 소송 중이기 때문에 온라인에서 자유롭게 활동할 수 없을 뿐만 아니라 오프라인에서도 관련된 발언이나 언급이 조심스러울 수밖에 없겠지요. 게다가 실정법상의 고소·고발로 끊임없이 법정에 다녀야 한다는 건 사회적으로 낙인이 찍혔다는 의미이기도 합니다. 소송 비용 등의 부담 역시 만만치 않고요. 정치적 올바름을 고수하고 싶어하는 페미니스트들까지 이들을 배제한다면, 워마드들은 몇 중의 소외를 경험하는 셈입니다.

그런데 그 자리가 끝난 후 영영 페미니스트 한 분이 오셔서 현실적인 어려움에 놓여 있는 워마드 유저들과의 관계를 해결하지 못한 채 이렇게 단절되면 안 될 것 같다는 고민을 털어놓으셨어요. 사실 새로운 세대들 내부에서도, 말하자면 '쿤충'과 '워마드' 혹은 '트페미' 사이에서도 갈등과 단절이 존재하며 서로 만날 수 있는 장이 잘 마련되고 있지 않습니다. 이런 갈등을 돌파하지 못하는 것이 페미니즘 내부의 차이를 확인하고 연대하거나 토론하는 장을 열어내지 못하는 결과로 이어질까 하는 염려였던 것 같아요.

2016년 9월 22~23일 한국여성재단 주최로 열린 '2016 여성회의: 새로운 물결, 페미니즘 이어달리기'에서는 세대와 활동 영역을 아우르는 150여 명의 여성 활동가들이 모여 한국 페미니즘 운동의 현재와 미래에 대한 진지한 논의를 펼쳤다. 페미니즘이라는 울타리 안에 있지만 그럼에도 불구하고 경험과 입장의 차이가 있는 여러 그룹들이 서로의 견해와 고민을 나누는 작업은 앞으로도 페미니스트들이 지속적으로 해나가야 할 과제일 것이다.

그러면서 2016년에 영 페미니스트들이 모여 10년 전에 왜 실패했을까를 반성하는 것처럼, 시간이 지나 영영 페미니스트들도 회고적으로 반성하는 말을 하게 될까봐 무섭다고 하시더군요. "우리가 그땐 굉장히 에너지도 넘쳤고 활동도 열심히 했지만 결국은 페미니즘 운동이 해소되었고, 그 실패의 원인 중 하나가 워마드 문제를 돌파하지 못한 것 때문일지도 모른다"라고 이야기할까봐 무섭다는 거였지요.

저는 지금까지 워마드에 대해 진지하게 사유하면서 이들과 연대를 모색하려는 노력 없이 이들을 추상화된 덩어리로 퉁쳐버리고 싶었던 게 아닌가 하는 반성을 하게 되었어요. 단순하게 워마드를 인정하고 지지하며 그들과 연대해야 된다는 문제라기보다는 제 입장에서 워마드라는 딜레마를 해결해가는 과정이 페미니즘 운동 중 하나가 되어야 하는 게 아닌가 싶은 거지요. 이런 맥락에서 워마드와의 연대가 요즘의 제 화두 중 하나입니다. 워마드는 원치 않는다고 계속 말하지만, 그 원치 않는 연대를 나와 내 동료들은 어떻게 상정할 수 있을까 하는 문제 말이지요.

이런 고민이 비단 저만의 것은 아닙니다. '2016 여성회의'는 영 페미니스트 그룹을 중간 다리로 해서 올드 페미니스트와 영영 페미니스트가 한자리에 모였다는 점에서 상당히 흥미로웠습니다. 인터넷 문화에 익숙하지 않고 20~30대 여성들의 구체적인 삶에 대한 이해가 부족했던 올드 페미니스트들이 보기에 메갈리아나 워마드는 그저 염려의 대상이었을지도 모릅니다. 영영 페미니스트들의 경우에는 이 세상에 그런 선배 페미니스트들이 존재한다는 것 자체를 별로 인지하지 못하고 있었을 테고요. 한 영영 페미니스트는 그 자리에서 "한국에 페미니스트가 이렇게 다양하고 많은지 몰랐다"고 말하기도 했습니다.

이런 측면에서 보자면 '2016 여성회의'는 서로가 서로의 실체를 확인하지 못했던 한계를 넘는 자리였어요. 그런 시간을 통해서 20~30대 영영 페미니스트들을 면대면으로 만난 올드 페미니스트들은 이들의 새로운 에너지와 다양한 활동에 놀라기도 하고 감동도 받았던 것 같습니다. 그리고 워마드의 고소·고발 문제에 대해서도 진지하고 심각하게 생각하게 되었고요. 이후에도 다양한 세대를 아우르는 유의미한 연대의 자리가 마련되지 않을까 기대하는 중입니다.

이제는 여성의 정치 세력화를 고민해야 할 때

2010년대 중반부터 현재까지 온라인과 페미니즘이 접속된 순간들을 살펴봤는데요. 제가 트위터를 강조했던 건 페미니즘 리부트를 촉발시킨 가장 중요한 매체가 트위터가 아닌가 싶어서입니다. 물론 트위터의 유저는 많지 않고 거기서 중요하게 다뤄지는 이슈들은 빠르게 소비되면서 휘발될 때가 꽤 있습니다. 하지만 그 한 줌의 사람들이 트위터에서 만들어내는 의제와 감수성 그리고 감정은 트위터에만 머물지는 않는다고 생각해요. 자연스레 외부로 흘러 넘쳐 이 사회에 영향을 미치고 있지요.

무엇보다 트위터는 감응의 공동체가 형성되는, 일종의 사이버 공유지로서의 역할을 하고 있는 것 같습니다. 2016년 하반기에 시작된 '○○ 내 성폭력' 운동을 보면서 더더욱 그런 생각을 하게 되었어요. 저도 그런 고민을 계속 하고 있지만, 많은 사람들은 트위터가 사람들을 파편화시키고 사유의 간극을 축소시키며 왜곡된 인정 투쟁에 매몰되게 한다고 비판합니다. 하지만 생활 세계에서 겪었던 폭력과 거기에서 기인한 고통의 시간을 고백하고 공감을 얻고 지지를 받아 서로가 서로에게 용기가 되어주는 지금과 같은 폭발적 에너지 역시 트위터라는 매체의 특성 때문에 가능한 것 같아요. 트위터를 비롯한 사이버스페이스가 현실 세계에서 여러 가지 이유로 박탈당했던 공유지, 그러니까 서로가 서로의 이야기를 들어주는 '곁'이 되고 서로에게 일종의 자원이 되어주는 공간으로서의 가능성을 보여주고 있는 게 아닌가 싶습니다. 그렇게 조심스럽게, 다시 또 트위터의 가능성을 믿어보는 거지요. 물론 섣부른 희망은 경계해야겠지만요.

　분명한 점은 트위터가 망해도 페미니스트들은 또다시 온라인의 다른 공간에서 조직될 것이라는 사실입니다. 페미니스트의 기억과 영향력은 사라질 수 있겠지만 언젠가는 또다시 되돌아올 거예요. 그리고 그런 활동의 부침보다 중요한 건, 우리가 인터넷을 해방시키지 못하면, 즉 우리의 삶 자체를 근본적으로 바꾸지 못한다면 어떤 매체도 우리를 해방시켜주지 않는다는 점입니다. 우리의 삶을 어떻게 바꿔 나갈지의 문제가 가장 중요한 거예요.

　이런 측면에서 저는 바로 지금이 대중문화의 장에서 벌어지는 소비자 운동을 넘어선 정치 세력화가 필요한 시점인 듯합니다. 예컨대 2016년 4월 국민안전처에서 입법예고한 재해구호법 시행규칙에는 재난응급구호세트에 면도기가 들어 있었지만 생리대는 없었어요. 이 사실이 알려진 후 여성들이 문제 제기를 했더니 생리대는 활용도가 낮고 사용 연령대가 한정되어 있으며 취향의 문제이기 때문에 넣지 않았다는 입장을 국민안전처가 밝혔지요. 이후 항의 때문인지 개별구호품으로 생리대가 들어가긴 했지만요.

　월경은 여성의 삶을 조건 짓는 기본적인 현상인데, 국민안전처는 여성을 보편 시민으로 상상하지 못했습니다. 더불어서 국가기관이 생각하는 '활용도'의 기준이 어떤 젠더인지도 분명하게 엿볼 수 있었지요. 국가는 여성의 삶에 무관심한 반면에 생리대 시장이 얼마나 큰지 알고 있는 자본만이 월경에 지대한 관심을 갖습니다. 그렇게 생리대는 취향의 문제가 되어버리는 거지요. 그러니 온갖 다양한 종류의 생리대가 소비자를 '유혹'하는 현실이 펼쳐집니다. 물론 생리대의 다양성이 나쁘다는 건 아니에요. 국가가 방기한 분야에 자본이 들어와 돈벌이를 하고 여성은 호구가 된 문제를 지적하는 거지요. 잘 아시는 것처럼 한국은 생리대가 세계에서 아주 비싼 나라 중 하나입니다.

여성들은 이 문제와 싸울 때 소비자 운동으로 대응할 수 있어요. 비싼 생리대 안 쓸 수도 있지요. 하지만 그게 근본적인 해결책은 아닙니다. 생리대가 없어서 학교 못 가는 여학생이 있다는 보도 보셨잖아요? 월경이 기본권이나 생존권의 문제로 다뤄지지 않고 시장의 논리에 포섭되어버렸기 때문에, 소비력이 없는 여성은 이 소비의 회로에서 완전히 배제되어버립니다. 그렇다면 지갑에 돈이 없는 여성은 목소리를 낼 수 없는 거예요.

소비자 운동만으로는 충분치 않습니다. 우리는 소비자 운동으로부터 다른 단계의 운동으로 나아가야 합니다. 제도적 차원에서 정치적·경제적 주권을 획득하지 못한다면, 우리가 소비자로서 쟁취한 성과들은 언제든 뒤로 되돌려질 수 있어요. 이러한 주권의 회복은 개인의 움직임만으로는 절대로 달성되지 않습니다. 성평등이라는 정의를 향해 가는 사회의 꾸준한 변화를 보증하는 것

2016년 10월 초, 낙태 금지법이 시행 중인 폴란드에서 수많은 여성들이 가정과 직장을 비운 채 검은 옷을 입고 거리로 나와 시위를 벌였다. 때마침 한국의 보건복지부에서 낙태법 강화를 시도하자, 이 시위 방식을 차용해 한국에서도 검은 시위가 기획, 진행되었다. 이들은 "내 자궁은 나의 것" "여성의 몸은 국가 통제를 거부한다" 등의 구호를 내걸고 정부 정책에 맞섰다. 어쩌면 여성의 정치 세력화는 이러한 필요에 의해 우리가 생각하는 것보다 한발 가까이 다가와 있는지도 모르겠다.

은 영향력을 행사하는 집단행동뿐이에요. 이러한 집단행동을 바탕으로 영향력을 획득하는 게 바로 세력화이고요. 이제 우리는 이 문제를 진지하게 생각해봐야 할 시점인 것 같습니다.

최근 "내 자궁은 나의 것"을 캐치프레이즈로 내세우면서 낙태 비범죄화를 요구한 검은 시위는 중요한 움직임이자 여성 세력화의 훌륭한 예 중 하나라고 생각합니다. 국가가 여성을 자궁으로 치환하여 국민 재생산의 도구로 삼으려 할 때, 여성들이 국민을 수단이 아닌 목적으로 대하라며 국가폭력에 전면적으로 저항하고 나선 것이지요. 이런 계기가 여성의 정치 세력화를 추동할 수 있는 뜨거운 에너지가 되어주리라 기대합니다.

그렇게 본다면 2017년의 대선 역시 우리에게 좋은 기회입니다. 특정 후보나 정당을 지지하는 차원으로 접근하기보다는, 여성의 문제를 의식하기 시작한 여성들이 정치권에 구체적인 정책 제안과 선결 과제를 가지고 말을 걸어야 할 때라고 봅니다. 이건 근본적인 해결책이라기보다는 단기적으로 설정할 수 있는 과제일 거예요. 하지만 이런 새로운 목표와 과제 앞에서 신나게 움직일 수 있다면, 끊임없이 페미니즘 이슈를 조직화하는 게 가능하지 않을까요? 이런 고민들을 앞으로도 많은 분들과 함께 나누고 싶습니다.

넷페미의 현재와 미래,
그 가능성을 찾아서

사회 | 임윤희(나무연필 대표)

토론 | 박은하(《주간경향》 기자), 이민경(『우리에겐 언어가 필요하다』 저자)

사회자   나무연필이라는 출판사에서 책을 만들고 있고, '페미니즘 라운드 테이블' 모임과 함께 이번 행사를 기획한 임윤희입니다. 지금까지 권김현영, 손희정 선생님의 강의로 넷페미의 과거부터 현재까지를 살펴봤는데요. 이번에는 강의에서 미처 다루지 못한 좀더 구체적인 넷페미들의 활동 사례와 고민, 그리고 미래의 가능성에 대해 이야기 나눠보려 합니다.

함께 이야기해주실 분으로, 언론사에서 기자로 일하면서 페미니즘 기사들을 써오신 《주간경향》의 박은하 기자님, 그리고 『우리에겐 언어가 필요하다』라는 책을 쓰면서 젊은 페미니스트들의 목소리를 대표하는 아이콘으로 떠오르신 이민경 선생님을 모셨습니다. 먼저 간단한 자기소개 부탁드립니다.

박은하   안녕하세요. 박은하 기자입니다. 저는 2010년 10월에 《경향신문》에 입사한 후 사회부, 온라인부, 주말기획부를 거쳤다가 지금은 《주간경향》에서 일하고 있고요. 제가 기자로서 동시대의 페미니스트들을 관찰하고 목격하며 고민한 것들, 그리고 여성 당사자로서 생각한 것들을 이 자리에서 나눠보고 싶습니다.

저에게 페미니즘 이슈의 분기점으로 다가온 사건은 2014년 숙명여대 축제에서의 복장 규제 논란인데요. 이 사건을 취재하면서 동시대 젊은 여성들이 처한 상황과 이들이 느끼는 모순에 많이 공감하면서 페미니즘 이슈에 좀더 관심을 가지게 됐어요. 저는 이들보다는 조금 앞선 세대일 텐데, 제 세대와는 또다른 문제들에 부딪치고 있는 동시대 페미니스트들에 대해 이해하고 함께하려 노력하고 있습니다. 잘 부탁드립니다. (박수)

이민경   봄알람이라는 출판사에서 일하면서 『우리에겐 언어가 필요하다』와 『우리에게도 계보가 있다』라는 책을 쓴 이민경입니다.

저는 어렸을 적부터 여성으로서 사회에 대해 문제의식을 가지고 있었는데, 대학에 들어가서 페미니즘을 접하면서 본격적으로 스스로를 페미니스트로 정체화했습니다. 그 이후 몇 년 동안, 페미니즘을 접하기 전까지 좀체 풀지 못했던 의문들을 하나씩 해결해가는 시간을 보냈고요. 2016년 5월에 벌어졌던 강남역 살인 사건을 계기로 『입트페』_{『우리에겐 언어가 필요하다』의 부제인 '입이 트이는 페미니즘'의 준말로, 이 책을 지칭한다.}를 쓰면서 세상에 발을 내딛은 5년차 페미

147

니스트입니다. 오늘 좋은 이야기 많이 나누었으면 좋겠습니다. (박수)

동시대의 언어와 감각으로 페미니즘 책을 만들다

사회자　　출판인으로서 바라볼 때 봄알람의 작업은 여러 가지로 이채롭습니다. 이슈에 대한 속도감 있는 접근, 독자 눈높이에 맞춘 실용적 콘텐츠와 참신한 디자인, 현재는 출판 유통망을 포괄해서 책을 판매하고 있긴 하지만 기존의 출판 유통망과는 별개의 독자적인 온라인 플랫폼을 통한 상품의 론칭 등이 눈에 띕니다. 이는 봄알람이 단순한 출판사가 아니라 페미니즘이라는 이슈를 지금의 독자들에게 어떻게 던질 것인지에 목표를 맞춘 동인 형식의 집단이기에 가능한 것이었고, 타깃 독자의 라이프스타일에 철저히 맞춰 상품을 기획했다는 느낌이 들어요.

그런데 이런 활동을 함께하는 봄알람 멤버들은 온라인을 통해 만나신 걸로 알고 있습니다. 온라인을 거점으로 소통하다가 외부 활동까지 고민하게 된 페미니스트들에게 봄알람의 사례는 충분한 참조가 될 수 있을 듯한데요. 조직의 원칙과 운영 방식을 이야기해주셨으면 합니다.

이민경   거창하게 물어봐주셨는데, 사실 웃음이 납니다. 봄알람에 별다른 원칙이 없어서요. (웃음) 봄알람은 저를 포함해서 총 네 명으로 구성되어 있고요. 마케터는 저와 대학 동창으로 대학 시절 총여학생회에서 함께 여성주의 활동을 해왔던 친구예요. 제가 『입트페』를 쓰겠다고 결심한 후 기획안을 만들었을 때 이 친구가 흔쾌히 활동에 합류해주었지요. 그리고 이 기획안을 보고서 지원해주신 두 분을 온라인에서 만나 팀을 이루게 되었습니다.

사실 저희에겐 조직의 원칙이나 운영 방식 같은 걸 논의할 시간이 없었어요. 그저 이런 일을 해보고 싶은 사람들끼리 만나서 모였고, 출판사 등록도 독립출판으로 책을 펴내고서 초판을 다 판매한 이후에 했고요.

그런데 저희가 이제까지 일련의 일들을 함께 해오면서 몸으로 만들어낸 특유의 문화 같은 게 있긴 합니다. 저희는 우선 넷 다 20대 여성이고, 권위주의적이지 않은

149

수평적 소통을 한다고 생각해요. 각자 나이는 다른데 언니라는 호칭을 쓰지 않아요. 일하는 방식도 상당히 유연합니다. 보통 2주에 한 번 정도 불규칙적으로 만나는데, 사무실이 따로 없다 보니 카카오톡으로 시시콜콜한 일상을 나누면서 일 이야기도 같이 하고요. 통상적인 원칙을 만들지 않은 채 필요할 때 모였다가 일이 끝나면 흩어지는 게릴라 방식으로 조직을 운영하고 있습니다.

저희가 지금은 출판사를 운영하고 있지만, 페미니즘을 위해 모인 집단이지 꼭 출판사를 운영해야 한다는 생각을 가지고 있진 않아요. 그래서 저희끼리는 장난삼아 이렇게 말하기도 해요. "우리는 내일 망해도 그만이다." (웃음)

사회자   제가 출판 일을 해서 그런지 봄알람에는 궁금한 게 많은데요. 그중 하나만 여쭤볼게요. 네 분이서 업무 분장은 어떻게 하세요?

이민경   일단 저는 두 권의 책을 집필했고, 지금은 물류를 담당하고 있습니다. 제가 저희 창고에서 여러 서점들에 책을 보내는 일을 해요. 그리고 앞서 말씀드린 제 친구가 마케팅과 회계 업무를 담당하고 있고요. 저희가 디자인으로도 많이 유명해졌는데, 디자이너가 책과 출판사 로고, 굿즈 등을 디자인하고, 다른 한 명은 기존 출판사에 근무하는 출판 편집자여서 편집 등 출판 관련 일을 전반적으로 맡고 있습니다.

사회자   물류를 담당하는 필자가 있는 출판사라…… 기존의 출판사에서는 듣도 보도 못한 경우겠네요. (웃음) 오늘 토론을 준비하면서 박은하 기자님과 이야기를 나누다가 박 기자님이 저에게 이런 질문을 하셨어요. "요즘 활동하는 분들을 보면 페미니즘에 대해 아는 것도 많고 각성도 많이 되어 있는데, 이분들이 대체 어디서 나타난 걸까요?" 저는 잘 모르겠다고 했거든요. 박 기자님이 이렇게 생각하신 분들 중에 이민경 선생님도 계실 것 같은데, 직접 한번 질문을 해보시지요. (웃음)

박은하   강남역 살인 사건 이후에 많은 젊은 여성들의 목소리가 터져 나왔는데, 저는 그 열기가 어디서 나왔는지 굉장히 궁금했어요. 대학에 여성주의 학회도 많이 사라

© 이지민

2016년 5월 17일, 서울 강남역 인근의 남녀 공용 화장실에서 23세의 여성이 흉기에 찔려 살해되는 사건이 벌어졌다. 사건 다음 날 오전부터 강남역 10번 출구에서 시민들의 자발적인 '포스트잇 추모'가 벌어지면서 이 살인 사건은 한국 사회의 여성 혐오에 경종을 울리는 사건으로 각인되었다. 온라인에서 끓어오르던 추모와 분노의 목소리가 오프라인으로까지 나왔다는 측면에서도 이 사건은 넷페미니즘 활동의 중요한 터닝포인트 중 하나로 기록될 것이다.

졌고 여성학 강좌 수도 많이 줄었다는데, 또 취업 준비에 바쁜 지금의 대학생들 입장에서는 이런 사안에 무관심할 수도 있을 텐데, 사건이 터지고서 많은 여성들이 강남역 10번 출구로 모여들어 학술 용어까지 구사해가면서 싸움을 벌이더군요. 이게 선배 없는 페미니즘은 아닐까 하는 생각을 했어요. 그런 맥락에서 임 대표님께 질문을 드렸고요.

그런데 2016년 《주간경향》 추석합본호로 페미니즘 기사들을 기획하면서 그런 생각을 수정하게 됐습니다. 제가 「바로 이 순간 '페미니즘'이 등장하는 이유는」이라는 메인 기사를 썼는데요. 1999년 대학에 입학해서 여성학 강의를 듣고 양성 쓰기도 실천하면서 영 페미니스트로 살던 분이 대학 졸업 후에는 양성 쓰기를 철회하고 사회생활을 해나가다가 결혼을 하고 출산을 해서 아이 엄마가 된 일련의 과정을 담았어요. 그분이 받아들인 2015년 이후의 페미니즘 흐름을 함께 녹여냈고요. 이와 함께 기사에 다 담진 못했지만 대학생을 비롯한 20대 여성들의 이야기를 많이 들어봤는데요.

이 기사를 쓰면서 깨달은 게 이미 분노는 오랫동안 차곡차곡 쌓여왔고 지금의 20대들이 대학 내에서 그걸 풀 수 없었을 뿐이었다는 거예요. 그때 눈에 들어온 게 바로 트위터였지요. 학술적으로 혹은 사회운동으로 페미니즘 활동을 해왔던 이들의 논리가 트위터를 통해 전파되는 게 보였어요. 각자 단절되었다고 생각했던 사람들이 서로 연결되면서 '아, 내가 느꼈던 모순이 바로 이거였어' '내가 하고 싶은 말이 바로 저거였어' 같은 공감과 연대의 말들까지 함께 확산되었고요.

영 페미니스트들이 학생운동의 몰락과 함께 사라졌다고 생각했는데, 그게 아니라 대학 시절의 문제의식을 가지고 사회에 편입된 영 페미니스트들이 지금까지도 자기 자리에서 의견을 내고 있고 그게 지금의 젊은 페미니스트들과 접속된 지점도 있는 것 같아요. 젊은 페미니스트들이 세상을 바꿔 나가야겠다는 생각에서 공부를 하고 자기 논리를 만들어가는 분위기도 형성되었고요. 그렇게 보면 젊은 페미니스트들이 어디서 불쑥 튀어나온 건지를 묻기보다는 불만이 가득 내재된 상황에서 누가 불씨를 던졌고 어떻게 그 불씨가 타오르게 됐는지를 살펴봐야겠지요.

이민경 이제까지 안 보였던 이들이 어디선가 불쑥 나타났다는 얘기는 여성들에게 굉장히 기시감이 드는 말이기도 해요. 제가 『외않페』『우리에게도 계보가 있다』의 부제인 '외롭지 않은 페미니즘'의 준말로, 이 책을 지칭한다.를 쓰면서 자료를 찾다가 1898년 9월에 발표된 「여권통문」女權通文이란 글을 본 적이 있어요. 여성에게 참정권을 주고 여성을 위한 학교를 지으라는 주장을 담은 글인데요.《황성신보》나《독립신문》같은 당시의 신문에서는 여성들이 모여서 이런 글을 발표하는 걸 굉장히 기이하고 희한한 일이라고 보도했어요.

동시대와 비교해보자면, 강남역 살인 사건 때 여성들이 자신의 슬픔과 울분을 표출한 것을 두고서 마치 상상도 못한 일이 일어난 것처럼 여기는 것과도 유사한 반응입니다. 이제까지 많은 여성들은 끊임없이 움직여왔고 자기가 할 수 있는 일들을 해왔는데, 그럼에도 불구하고 여성이 남자와 외모, 가정의 범주를 벗어난 이야기를 할 때 사람들은 당황하면서 낯설어하는 것 같아요.

이와는 별개로 저희 세대의 특수성도 무시할 순 없을 겁니다. 지금의 한국 사회는 여성의 대학 진학률이 높아졌고 여자 대통령까지 당선된 시대니 여자가 무엇이든 할 수 있다고들 합니다. 그런데 제가 태어난 1990년대 초반은 여아 낙태가 횡행하던 시기예요. 그러니까 제 나이대 여성들은 태어날 때부터 죽음의 기운을 뚫고 삶을 시작한 거지요. 그리고 우리의 실제 현실을 둘러보면 나름의 제도는 마련되었을지언정 여성에 대한 억압과 폭력이 사라지진 않았어요. 이런 모순들을 가슴에 품고 있는 세대인 거지요.

사회자 저는 강남역에 붙은 포스트잇 추모 글들을 묶어 『강남역 10번 출구, 1004개의 포스트잇』을 펴낸 후에 소위 말하는 메갈리아 세대들을 만날 기회가 꽤 생겼어요. 그중에서 마음에 남았던 게, 여성으로서의 문제를 나누고 페미니즘을 공부할 수 있는 오프라인 모임을 찾아다녔는데 도무지 그런 곳이 보이질 않았다는 젊은 여성들의 말이었습니다. 눈물을 글썽이며 이런 이야기를 하는 사람들을 여럿 만나면서 이전 세대로서의 미안함과 안타까움을 느꼈는데요. 온라인이라는 공간이 이들에게 나름의 출구를 제시해주지 않았나 하는 생각도 듭니다.

이민경 저희는 초등학교에 들어가기 전부터 컴퓨터를 쓴, 온라인과 친숙한 세대예요. 좀 연배가 있는 분들은 온라인과 오프라인을 분리해서 설명하시곤 하는데요. 우리 세대에게 온라인은 오프라인과 분리할 수 없는, 우리가 발 딛고 있는 일종의 확장된 세계입니다. 온라인을 또 하나의 현실로 굳건히 받아들이고 있지요.

오프라인상에서, 말하자면 학내 공간에서는 여성주의 모임을 찾아보기 어려울지도 모릅니다. 하지만 온라인에서는 내가 어디에 살든 간에 페미니즘 이야기를 나누면서 공감대를 형성할 수 있는 사람을 만날 수 있고 다른 사람의 통찰이 나에게 자극으로 돌아올 수도 있으며 담론이 빠르게 전파되기도 합니다. 온라인은 그런 가능성이 있는 공간이지요.

하지만 요즘은 그런 온라인의 세계를 넘어서는 문제에 대해서도 생각하고 있어요. 온라인은 공간을 뛰어넘는 장점이 있지만, 우리에게는 얼굴을 맞대고 삶을 나누는 곳도 필요하거든요. 어떻게 하면 온라인에서 공통의 경험을 나눈 사람들을 물리적인 지역을 중심으로 재편할 수 있을지 고민하고 있습니다.

사회자　　이번에는 봄알람에서 펴낸 두 권의 책에 대해 이야기해보지요. 첫 책인 『입트페』는 언어의 각종 용례를 바탕으로 페미니스트로서의 문제의식을 실용적으로 풀어나갔는데, 두 번째 책 『외않페』는 역사, 특히 여성들이 쟁취한 '승리의 역사'를 기억하고 기록하며 공유하는 문제로 나아갔습니다. 다만 역사의 내용들을 촘촘히 채우고 설명하는 통사의 방식이 아니라 지금 대중들의 문제의식을 과거의 역사와 결부시키고 그 역사를 되새길 필요성에 집중하는 방식을 선택했고요.

이민경 『입트페』는 남성과 페미니즘을 주제로 이야기할 때 어떻게 말해야 할지 모르겠다는 주변 여성들을 보면서 우리에게 필요한 건 이론이나 지식이 아니라 대화의 기술이라는 생각이 들어서 쓰게 된 책입니다. 독자 눈높이에 맞췄다는 평도 꽤 들었는데, 사실 이건 전적으로 제 눈높이에서 제 이야기를 쓴 거예요. 저에게는 이 책의 성공이 많이 기쁘고 감사했어요. 단적으로 텀블벅에 2642명이 후원했다는 그 숫자 같은 게 저를 굉장히 기분 좋게 하더라고요.

그런데 어느 날엔가 이것도 금세 사라지겠구나 하는 생각이 들더군요. 지금은 『입트페』에 대한 열기가 뜨

2016년에 봄알람에서 펴낸 두 권의 책은 SNS를 중심으로 뜨거운 반응을 얻었다. 특히 첫 책인 『우리에겐 언어가 필요하다』는 기존의 유통망이 아닌 텀블벅을 통해 4300여만 원의 후원을 받아 독립출판물로 제작되면서 페미니스트들에게뿐만 아니라 출판계에서도 큰 이슈가 되었다. 또한 이들 책과 함께 제공된 각종 굿즈들은 타깃 독자의 라이프스타일에 맞춘 것으로 동시대의 여성들이 자신의 일상 가운데서 페미니즘을 향유하는 문화를 만들어가는 기획으로서도 유의미했다.

겁고 대형 서점에서도 잘 판매되고 있지만, 이 책을 포함해 요즘 사람들이 주목하고 있는 페미니즘 책들에 대한 관심은 또 사그라들 거라는 생각이 들었어요. 『입트페』를 만들면서 하게 된 경험들 역시 봄알람과 이 책을 읽어준 독자들만의 기억이 되겠구나 싶었고요. 그런 생각들을 뚫고 두 번째 책 작업을 시작하게 되었습니다. 내가 기록하지 않으면 사라져버릴 역사를 내가 남겨야겠다는 생각에서 시작한 작업이에요.

제 삶을 돌아보면, 사실은 어릴 적부터 페미니스트였는데 그런 말조차 알지 못했던 기간이 꽤 길었고 페미니스트로 스스로를 정체화하고 나서도 오랫동안 상당히 힘들었어요. 페미니스트로서 갖춰야 할 것들이 많은 만큼이나 산적해 있는 문제들도 많았고, 앞으로 나아가고 싶은데 어디가 앞이고 어디가 뒤인지도 모르겠는 시기였지요. 학교 정규과정을 모두 이수했지만, 그럼에도 페미니스트들이 무엇을 해왔고 나는 페미니스트로서 어떻게 살아야 하는지를 그 누구도 알려주지 않았어요. 어느새 페미니스트가 제 가장 중요한 정체성이 되었는데도요. 그렇게 무턱대고 살아오다가 오늘날에 이르렀는데, 우선은 제가 녹록지 않은 상황에서도 확신을 잃지 않은 채로 페미니스트라는 정체성을 공고히 하면서 살아올 수 있었던 나름의 방법을 다른 사람들과 공유하고 싶었어요. 여전히 저도 많은 어려움을 겪고 있지만 이제 막 페미니스트가 된 분들이 제가 지금보다 더 헤맸던 과거에 느꼈던 곤란함을 똑같이 겪고 있을 것 같았거든요. 그리고 지금도 어렴풋하게만 파악하고 있어서 제가 제대로 알지 못하는, 말하자면 여전히 제 안에 있는 빈칸들을 동시대의 페미니스트와 함께 채워나가고 싶었어요. 그러다 보니 빈칸이 있어서 직접 채워봐야 하는 문제집 형식의 책이 기획된 겁니다.

전작에 이어서 실용서를 만들고 싶다는 생각을 한 건 또다른 이유도 있었는데요. 보통 우리가 공부를 할 때 문제집을 많이 풀잖아요. 줄글을 읽고 나서 문제집을 풀어보면 자기가 뭘 알고, 뭘 잘 모르고, 뭘 더 공부해야 할지 알 수 있듯 페미니즘 역시 하나의 공부이기 때문에 기존의 줄글 대신에 문제집이 나오면 도움이 되겠다는 생각을 했어요.

또한 역사 속에 분명하게 존재하는 여성의 자취가 금세 축소되거나 지워지는 데에 문제 제기를 하고, 그걸 효과적으로 알려보고 싶었습니다. 지금 제가 서 있는 이 자리가 누군지 알 수 없는 이들이 먼저 닦아놓은 길이기 때문이에요. 저는 대학도 다닐 수 있고 옷도 자유롭게 입을 수 있어요. 이건 누가 여성에게 해준 게 아니라 여성들이 얻어낸 것들인데, 그런 일을 한 여성들의 이름은 많이 지워져 있지요. 먼지 쌓인 과거를 닦아내면서 이 빈칸 역시 우리의 역사로 간직했으면 하는 바람을 『외않페』에 담았습니다.

사회자　박은하 기자님은 이민경 선생님보다 조금 윗세대이니 경험의 차이가 있을 것 같아요. 『입트페』나 『외않페』를 어떻게 보셨는지도 궁금하고요.

박은하　이민경 선생님이 1990년대 초반 생으로 초등학교에 들어가기 전에 인터넷을 시작했다고 하셨는데, 저는 1980년대 중반 생이고 고등학교 시절부터 인터넷을 했어요. 초등학생과 고등학생의 차이만큼이나 인터넷의 활용과 문제의식이라는 측면에서 다르게 다가오는 지점이 있습니다.

저는 대학에 들어갔더니 학과 선배들이 프리챌 커뮤

니티에 가입하라고 했어요. 반면에 지금 세대들은 대학에 가면 "너 오유 하니, 아니면 일베 하니?"라고 묻겠지요. 즉 과거에는 오프라인을 경유해 온라인으로 들어가는 경험이 많았다면, 지금은 오프라인에서 온라인 정체성을 확인하는 식이지요. 전자에게 온라인이 오프라인의 부차적 연장선상의 공간이라면, 후자에게는 온라인이 오프라인보다 먼저 발 디디는 공간인 거고요. 물론 이제는 세대를 막론하고 후자의 경험을 하는 이들이 현저히 늘어났지만요. 제가 취재하면서 만난 1990년대 이후에 태어난 분들은 온라인을 자신의 현실 세계로 바라보면서 그 안에서 벌어지는 폭력을 부차적인 문제가 아닌 매우 중요한 문제로 명확히 인식하고 있었어요. 그런 점은 상당히 인상적이었고요.

개인적인 경험을 말씀드리자면, 저는 대학 생활 막바지 때 여성 문제에 대해 답답해하다가 페미니즘을 만났어요. 그때 본 페미니즘 책들은 필자도 주로 외국인이고 굉장히 학술적이었지요. 여성사나 여성학 담론에 대한 책들을 주로 읽었고요. 실용서 같은 콘셉트의 책은 찾아볼 수 없었는데, 그런 면에서 이민경 선생님의 책은 굉장히 재미있게 읽었어요. 이제는 페미니즘이

외국에서 수입된 새로운 문물이 아니라 한국에서 태어나 살아오는 과정에서 고민하는 문제들을 다루고 있구나 하는 생각이 들었고요. '고구마'나 '사이다' 같은 표현을 보면서는 페미니즘이 이제 학문적이어야 한다는 강박이나 엄숙주의를 탈피해 일상어로도 표현이 가능해졌구나 싶었습니다. 대학 시절에 서양 수입서들로 페미니즘을 공부하면서 제 삶의 어떤 지점은 잘 설명해주지 못한다는 느낌을 받았는데, 아마도 그때 필요했던 게 『입트페』나 『외않페』 같은 책이었는지도 모르겠어요.

가려진 여성의 목소리를 드러낸다는 것은

사회자   박은하 기자님은 메갈리아 문제나 이화여대의 미래라이프대학 설립 문제 등 젊은 여성들의 이슈에 대해 계속 기사를 써오셨는데요. 그런 취재를 하다 보면 기존에 몰랐던, 하지만 새로이 알아가면서 고민하게 되는 문제들이 있을 것 같습니다.

박은하   제가 젊은 여성들의 문제 가운데 주목하는 것 중 하나
는 황폐화된 개인 간의 문제와 미디어가 결합된 사안
이에요. 데이트 폭력은 과거에도 분명 있어왔지만 요
즘 들어서 더욱 이슈가 되고 있다는 건 그만큼 연애 관
계가 황폐해졌기 때문일 텐데요. 그 정점에 있는 게 바
로 미디어와 결합된 '몰카'겠지요. 아니, 그보다는 개인
이 제작한 '사제 포르노'라는 표현을 쓰고 싶고요.

또 하나 관심을 가지고 있는 것은 여성 아이돌이나 걸
그룹을 어떻게 볼 것인가의 문제입니다. 엔터테인먼트
가 생산해내는 걸그룹의 이미지에 대해 저는 기본적으
로 비판적인 입장을 취해왔는데요. 어떤 조직에서 여
성에게 애교나 섹시 댄스를 보여달라는 건 걸그룹의
모습을 차용해 일상에서 이를 재생산해달라는 요구가
아닌가 싶었고요. 그런데 무대 위에서 거침없이 활약
하는 여성들을 보면 자신감이 느껴지기도 하고, 케이
팝이 이슬람권 국가에서 인기를 끄는 건 여성들이 무
대에서 노래하고 춤추는 데서 해방감을 느끼기 때문일
수도 있겠다는 생각을 해요. 아이돌이 우리에게 주는
억압이 있겠지만, 또 나름의 긍정적 측면을 생각하면
모호하면서도 모순적인 존재라는 생각이 들어요.

마지막으로는 규칙과 규율의 문제를 말씀드리고 싶습니다. 제 세대 사람들은 대학 시절에 탈권위나 탈규제 같은 걸 굉장히 좋아했어요. 특정한 규율로 우리를 억압하지 말라는 분위기가 강했지요. 그런데 그런 분위기가 마냥 좋지만은 않았거든요. 예를 들면 어떤 금기든 무시하고 넘어서라고 하면서 그러니 성관계도 완전히 자유롭다고 하는데, 말로는 그럴듯해 보이지만 현실에서의 남녀 관계는 여전히 불평등하잖아요. 그런 상태에서 자유를 밀어붙이면 남자는 멀쩡해도 여자는 피해를 입게 되고요. 이런 문제들을 고민하면서 우리에게 필요한 건 막연한 자유가 아니라 지금 상황에 걸맞은 규제이고, 그걸 지켜나가는 게 오히려 중요한 게 아닌가 싶기도 했어요.

그런데 요즘 활동하는 페미니스트들은 그런 규제에 대해 옹호하는 분위기가 훨씬 강한 것 같아요. 앞서 말씀드린 숙명여대 축제 복장 규제에서 그런 입장이 본격적으로 도출된 게 아닌가 싶었고요. 그간 대학가의 축제에서 선정적 옷차림을 한 학생들이 호객 행위를 하는 듯한 분위기가 있어왔는데, 숙명여대 총학생회는 이에 대한 제동으로 축제 때의 복장 규정을 마련했어

2014년 9월 17일, 숙명여대 총학생회는 각 과 학생회와 단과대학 대표가 참여하는 전학대회에서 '2014 청파제 규정안'을 통과시켰다. 여기에 선정적인 복장을 규제하는 규정이 포함된 것이 알려지면서, 여성 이슈에서 익숙하게 반복되어온 '표현의 자유 대 규제'의 구도로 논란이 불거졌다. 사진은 한 대학의 축제 포스터로, 많은 대학들에서 이런 선정적인 사진과 문구가 포스터에 많이 사용되어왔다.

요. 근데 이후 많은 사람들, 특히 1990년대에 대학에 들어간 남성들이 이런 규정을 엄청나게 비판하는 걸 목격했습니다. 우선 여자 애들이 이런 규제를 하는 게 맘에 안 든다는 식의 내리까는 시선이 가장 먼저 눈에 들어왔고요. 그다음에는 야하든 아니든 자유롭게 옷을 입을 수 있는 권리가 중요한데, 어떻게 여성들이 그걸 위해 싸우지 않느냐는 독선적인 목소리가 들리더군요. 여성들은 야하게 입을 권리가 아니라 남성에게 복무하는 모습으로 야하게 입도록 만드는 분위기에 문제를 제기하는 건데 말이에요. 소위 진보적이라는 남성들이 그렇게 이야기하는 게 굉장히 충격적이었어요. 그 대척점에 서 있는 숙명여대 총학생회가 규제를 두려워하지 않는 점도 꽤 인상적이었고요.

사회운동의 역사를 살펴보면, 결국은 법이나 제도를 만드는 사람이 이기는 거거든요. 한국 여성운동에서 민법 개정이나 호주제 폐지가 기념비적 쾌거로 평가받는 건, 이런 제도화를 통해서 일반 여성들에게 또다른 지평이 열렸기 때문이에요. 이들을 통해 딸의 지위가 아들과 동일하게 격상되었고, 그러다 보니 여성의 교육이나 사회 진출도 활발해지는 연쇄 작용이 일어

난 거고요. 요즘의 페미니스트들은 이런 제도의 중요
성을 굉장히 자연스럽게 받아들이고 있는 게 아닌가
싶습니다.

사회자 언론에서 여성 이슈를 다룰 때 크게 보면 두 부류가 있
는 것 같아요. 하나는 특정한 여성 관련 사건을 집중적
으로 파헤치는 방식이고, 다른 하나는 성별이 잘 드러
나지 않는 사안 가운데서 여성의 시선을 끄집어내보
려는 방식인데요. 박은하 기자님의 기사들은 전자도
있지만 후자도 꽤 많아서 인상적이었습니다. 후자의
기사들은 페미니즘 이슈를 확장시키면서도 복합적으
로 사안에 접근하게 하는 장점이 있는 것 같아요.

박은하 거창하게 그런 목적을 가지고 접근한 건 아닌데 그리
평가해주시니 감사하면서도 좀 부끄러운데요. 앞서 말
씀드렸듯이 저는 주류가 되어서 그걸 법으로 관철시켜
야 이기는 거라고 생각해요. 룰을 지배하는 자가 세상
을 바꾼다고 보는 거지요. 그렇게 접근하기 때문에 뭐
든 제도를 중심으로 사안에 접근하는 측면이 있고요.
또 하나는 제가 그간 교육, 노동, 청년, 복지 등의 문제

를 기사로 다뤄왔는데, 여기에 소외된 여성들의 목소리들을 넣는 게 제 기사 스타일인 것 같아요. 여성의 고민을 연애, 결혼, 가족 문제로만 좁히는 데 대한 편견을 의도적으로 꺾어보고 싶기도 했고요.

그런데 거꾸로 연애나 결혼이 굉장히 중요한 이슈인데 제가 이걸 도외시하는 건 아닐까 하는 생각도 합니다. 저는 2015년의 키워드가 '헬조선'과 '페미니즘'이었다고 보는데요. 이게 꽤 신선했어요. 이건 무언가를 바꾸고 싶은 게 있는 사람들의 언어라는 생각이 들었거든요. 근데 취재를 하다 보면 20대 여성들에게의 '헬'이란 연애나 결혼 같은 관계에서 비롯된 문제가 압도적이었어요. 이런 것들은 여성 이슈라는 이유만으로 손쉽게 부차화되는데, 그런 흐름에 내가 동조했던 건 아닌가 하는 고민이 드는 거지요.

사회자 박은하 기자님은 페이스북에 종종 기사 후기나 기획해보고 싶은 것들에 대한 메모를 적어두시는데요. 그중에서 윤리적 측면을 비롯한 여러 가지 이유에서 결국 기사화하지 못한 것들에 대한 이야기가 꽤 인상적이었습니다. 성매매 여성의 노후나 온라인의 각종 불법 동

영상 문제 등이 그러한 범주에 속할 텐데요. 이런 사례
들과 함께 기자로서 가진 원칙들을 말씀해주세요. 온
라인에서의 글쓰기는 기사 쓰기와는 다르겠지만, 글로
소통할 때의 윤리라는 측면에서 나름의 참조가 되지
않을까 싶습니다.

박은하 독이 든 씨앗에서 독이 든 과일이 난다는 '독수독과'^{毒樹}
毒果가 기본적인 원칙이에요. 잘못된 방법으로는 아무리
좋은 기사를 쓰더라도 잘못됐다는 게 제 생각입니다.
이건 쉬운데, 문제는 그다음이지요. 아무리 원칙을 굳
건히 세워도 다루기 까다로운 주제가 있어요. 여성 이
슈에서 그런 경우가 상당히 많은데, 이게 한국 사회에
서 여성의 위치나 현실을 반영하는 게 아닌가 싶기도
합니다.
예를 들면 성매매 여성의 노후 같은 게 그런 사례지요.
전형적인 옛날 집창촌에서 성매매를 하다가 나이가 들
고 빈곤해진 여성들을 도와주는 복지관에 취재를 간
적이 있어요. 이야기를 들으면서, 자발적이든 비자발
적이든 성매매가 인간의 자존감을 갉아먹는다는 생각
이 들었어요. 노년기에 접어들면 그게 극도로 커지고

171

요. 이런 분들은 아무도 만나고 싶어하지 않으니, 제가 아무리 기자여도 그분들께 다가가 취재를 할 수 없는 상황인 거예요.

이를테면 일본군 '위안부' 할머니들도 지난한 싸움을 통해서 제국주의의 희생양이자 여성에 대한 군사적 폭력을 증언하는 분들로 자리매김 됐잖아요. 그와 비교해본다면 소위 사창가라고 불리는 데 계셨던 분들은 자신의 삶과 사회적 모순을 접합시키면서 이야기를 하는 데 어마어마한 시간이 걸릴 거예요. 그분들이 돌아가시기 전에 그게 가능할까 싶은 생각마저 들지요. 저의 괜한 접촉이 그분들께 상처가 되고 저 또한 이 사안을 잘 다룰 수 없겠다는 생각이 들어서 이 취재는 접었습니다.

사실 한국 언론의 성매매 관련 보도는 심각하게 문제적인 경우가 꽤 많다고 봐요. 기자가 성매매에 대해 알려주려고 쓴 건지 비판하려고 쓴 건지 알 수 없는 경우도 있고요. 가정을 이룬 엘리트 부르주아 여성들이 가난한 여성들을 억압한다는 논조로 몰아가는 보도들도 굉장히 많았어요. 이런 주제는 다루기가 굉장히 까다롭기 때문에 먼저 중요한 게 무엇인지에 대한 가치관을 세우고 선정적으로 기사가 소비되지 않도록 조심해야 하지요.

여러분이 많이 관심 가지셨을 법한 또다른 예를 하나 들어볼게요. 사제 포르노 기사는 준비하다가 제가 정신적 충격을 받아서 망한 경우인데요. (웃음) 사실 저는 메갈리아가 나오기 전까지 소라넷이 뭔지도 몰랐어요. '야동'이라고 하면 일본 AV ^Adult Video^를 가리키는 걸로 알았는데, 실제로 한 편을 보고 역겨워서 그만 앓아누웠어요. 정신적 충격을 회복하지 못한 상태에서 기사를 쓰다가 망했는데, 많은 사람들이 그게 얼마나 적나라한지 모르고 있더라고요. 이걸 알리는 건 분명 의미가 있긴 할 텐데, 그것 자체가 또 사람들에게 그런 동영상에 대한 정보를 제공하고 호기심을 자극할 수도 있는 거지요. 누군가가 그 영상에 나오는 걸 보고서 그 사람의 이야기를 대중에게 알리는 건 어마어마한 폭력이에요. 이렇게 취재원에게 강력하게 상처를 주는 기사는 쓰지 않으려 하고 있습니다.

사회자   최근 메갈리아 논쟁을 기점으로 몇몇 언론의 관련 기사들이 뭇매를 맞았습니다. 《시사인》의 경우는 절독

선언이 이어지기도 했고요. 이에 대한 사내의 분위기
나 기자들 사이의 반응은 어떤지, 그리고 개인적으로
는 어떤 생각을 가지고 계신지 궁금합니다.

박은하　사내 분위기를 먼저 말씀드리자면, 내부적으로 어떤
사안에 대해 일치단결하는 분위기가 아닙니다. (웃음)
저희는 어떤 사안을 기획할 때 그 사안에 대해 가장 고
민을 많이 하는 사람이 발제를 하고 그 가운데서 기사
가 채택되는 구조예요. 취재 대상에 대한 규제나 압력
은 없다고 봐야겠지요. 전해 듣기로는 2016년 5월에 강
남역 살인 사건이 '여성 혐오' 범죄냐 아니냐를 둘러싸
고, 혹은 메갈리아를 둘러싸고 사내에서 이견을 주고
받기는 했지만, 업무 차원에서 팀의 방향을 둘러싸고
터치를 하지는 않았습니다.

제가 사내에서 굉장히 존경하는 50대 선배가 메갈리
아에 들어가봤다가 충격을 받고서 말씀하셨어요. 그분
이 보신 게 남자 친구와 성관계를 한 여성의 후기였는
데, 어디가 작네 크네 적나라하게 품평해놓은 걸 보고
서 '멘붕'하셨더라고요. 그래서 그 맥락에 대해 설명드
렸더니 이렇게 말씀하시더군요. "여성이 거칠어진 게

아니라 원래 그런 종류의 원본이 있고, 거기에 대응하는 과정에서 이런 게 생겨났구나." 이걸 처음 아신 거예요. 이런 과정을 알면서도 웹툰 소비자로 추정되는 젊은 남성들이 메갈리아에 대해 분노를 쏟아내는 건 좀 괘씸하지요. 근데 실제로 인터넷과 친숙하지 않은 많은 사람들은 메갈리아가 뭔지 전혀 모르고 있다가 뉴스에서 듣고 가본 후에 '얘네 왜 이래? 여자 일베인가?' 하고 생각하는 경우가 많습니다. 선배에게는 이걸 찬찬히 설명할 수 있었지만, 기사로 이런 맥락들을 설명하는 건 상당히 까다로워요.

또 하나 말씀드리자면, 저희 회사가 비교적 진보적인 분위기이고 여성 기자의 비율도 높은 편이에요. 여기자들의 영역으로 간주되어온 문화, 생활, 가정 영역을 넘어서서 정치, 사회, 법조 같은 영역에서 활동하는 여기자도 많고요. 그럼에도 불구하고 여성의 고민을 나눌 때 여성 기자와 남성 기자 사이의 차이는 분명히 있는 것 같아요. 이를테면 회사에서 저출산 문제에 대해 대화를 나누다 보면, 여성이 밖에 나가서 일을 할 수 있어야 하고 아이는 사회에서 키워줘야 하는데 그게 안 돼서 문제라는 데까지는 모두들 동의해요. 그런데 엄마가 된 기자로서는 자기 아이를 직접 키우고 싶은 마음도 있는데 그런 걸 잘 이해 못하는 경우도 있고, 혹은 가정에서 남편으로서 어떻게 해야 하는지에 대한 고민이 적은 경우도 보입니다. 이때 중요한 건 여성들 간에 서로의 고민을 나눌 수 있는 분위기인 것 같고요.

《시사인》절독 사태에 대해서는 내부에서 많이들 당혹스러워했어요. 왜 이렇게 심한 반응을 보이나 싶었고요. 근데 온라인 이슈에 무심한 윗세대의 경우는 찌질한 애들이 땍땍거리는 거라며 무신경한 분위기가 있었거든요. 이런 측면은 참 재미있었습니다. 반드시 의견이 일치할 때만 같은 결과가 나오는 건 아닌 거지요. (웃음)

넷페미니즘의 내부 들여다보기

사회자   2000년대 중반 이후 온라인을 기반으로 페미니즘 논의가 점화되었고, 이는 분명 반가운 일일 겁니다. 하지만 활발한 활동만큼이나 넷페미 내부에서 풀어야 할 과제도 남아 있는 듯해요. 여성 혐오의 시선이 가득한 가운데서 외부의 적과 싸우느라 내부를 진단하고 점검하는 자리를 만들기 쉽지 않았다고나 할까요. 내부의 이견들을 촘촘히 들여다보거나 시행착오들을 추스를 시간도 부족했고요.

이민경　　제가 성별 권력의 측면에서는 약자인 여성이지만, 다른 측면에서는 강자일 수 있습니다. 여성의 입장에서 보더라도 약자로서 느낀 분노가 또다른 약자에게 향하지 않도록 조심해야 할 필요가 있다고 생각해요. 온라인 커뮤니티에서의 인신공격이 가져오는 부작용도 고민해봐야 하고요.

그런데 우선은 좀 다른 측면에서 접근해보았으면 합니다. 많은 페미니스트들이 메갈리아를 통해 해방감을 느꼈고 앞으로 나아갈 용기를 얻었어요. 하지만 메갈리아에 문제가 생긴 이후론 메갈리아가 왜 그런 활동을 했는지 구구절절 설명해야 하는 상황에 처하거나 혹은 내가 더 이상 이에 대해 발언하지 말아야 될 것만 같은 느낌을 받습니다.

그렇다면 메갈리아는 과연 누구일까요? 어디까지가

메갈리아이고 어디까지는 메갈리아가 아닐까요? 메갈리아를 만든 사람이 메갈리아일까요? 메갈리아 게시판에 글을 열 개 이상 올린 사람이 메갈리아일까요? 저처럼 메갈리아의 게시물을 보고 동의하는 사람이 메갈리아일까요?

돌이켜보면 그간 『입트페』를 쓰고 활동을 하면서 많은 시행착오들을 거쳤습니다. 사실 저를 비롯해 온라인에서 페미니즘을 말하는 주체들은 이제 막 시작하는 사람들이에요. 그 과정에서 분명 넘어지고 깨지고 다치고 실수할 수 있어요. 그때마다 모든 시행착오가 여성 집단 전체의 문제 혹은 메갈리아의 문제로 귀결되어야 할까요? 내가 메갈리아를 지지했는데 그 안에서 동의할 수 없는 문제가 생기거나 실패를 경험하게 되더라도, 끊임없이 용기를 가지고 계속 시도하고 나아가야 하지 않을까요? 물론 페미니스트가 된 이상 끊임없이 성찰하고 더 잘 나아갈 수 있는 방법을 모색하기를 멈춰서는 안 된다고 생각합니다. 그렇지만 지금은 저를 비롯해 수많은 페미니스트들이 이제 막 발걸음을 뗀 상황이기 때문에 내부 비판이나 신중한 태도의 중요성을 말하기보다, 넘어졌다고 해서 '걷지 말걸 그랬다'는 후회를 하지 않기를 무엇보다도 바랍니다.

박은하 저는 작년에 트위터에서 많은 이들이 한 사람의 계정에 몰려가 "너 여혐이지?" 하고 몰아붙이는 분위기를 보면서 좀 불편했어요. 그런 활동을 통해 무엇이 여성혐오인지 알게 되기도 했고 이런 사안들에 대한 경각심을 갖기도 했습니다. 하지만 그것 자체가 옳은가에 대한 의구심도 마음 한편에 있었어요. 근데 최근 들어서는 생각이 좀 바뀌었습니다.

"여성의 목소리가 많아지는 게 진보인 거지 그 목소리가 다 옳은 얘기여야 진보는 아니다." 온라인에서 본 글인데, 저에게는 확 와닿는 말이었어요. 어떤 페미니스트의 활동 가운데 동의할 수 없는 지점이 있을 수도 있겠지만, 그럼에도 불구하고 일단 여성의 목소리가 들리는 공간이 늘어난 건 분명한 장점입니다. 앞서 말씀드린 저희 회사의 논의 구조처럼 온갖 이야기를 쏟아낼 수 있는 상황이 될 때 어떤 사안을 가장 절실하게 생각하는 사람이 무언가를 하게 되기 때문에 결국은 기회가 열릴 수 있다고 생각해요. 이민경 선생님이 잘 정리해주셨듯, 걷다가 넘어지더라도 후회할 필요는 없는 거예요.

한 가지만 더 첨언하자면, 사회운동의 차원에서 저는 세상을 바꾸려면 부수고 싶은 상뿐만 아니라 만들고 싶은 미래상이 있어야 한다고 봅니다. 이런 맥락에서 봤을 때 부정적인 사례가 바로 '흙수저'라는 말이에요. 여기에는 금수저에 대한 증오는 있지만 그래서 어떻게 할 건지에 대한 상이 없거든요. '개저씨'나 '아재' 같은 말에는 어쨌든 이런 사람이 되지 말자는 내용이 내재되어 있는 거잖아요. 그런 측면에선 후자가 진보적이고 미래 지향적인 단어인 셈이지요. 물론 미래상이 하나의 단어로만 표현되진 않겠지만요.

최근에 영국 문학을 전공하는 후배가 이런 이야기를 해줬어요. 18~19세기 영국에서 페미니즘이 확산되면서 많은 여성 작가들이 활동하기 시작했고, 여성 독자도 엄청나게 늘어나서 이들을 위한 소설들이 출간되었다고 해요. 예를 들면 『오만과 편견』 같은 책들이겠지요. 이게 지금 보면 당연해 보이지만 당시에는 센세이셔널했던 게, 괜찮은 남자의 상을 바꿨다는 거예요. 여성에게 친절하고 매너 있으면서 여성을 억압하지 않는 남성이 등장한 거지요. 이런 남성상을 보면서 사람들

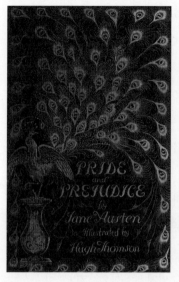

CHAPTER XXXIV.

HEN they were gone, Elizabeth, as if
intending to exasperate herself as
much as possible against Mr. Darcy,
chose for her employment the exami-
nation of all the letters which Jane
had written to her since her being in
Kent. They contained no actual
complaint, nor was there any revival of past occurrences,

제인 오스틴의 『오만과 편견』은 결혼에 이르는
과정에서 벌어지는 계산 가득한 남녀 관계를 집
요하게 묘사한다. 자신의 편견을 무너뜨리면서
남성들의 오만을 폭로하는 주인공 엘리자베스
는 당대의 새로운 여성상으로 떠올랐으며, 그러
한 그녀를 있는 그대로 사랑하는 다아시 역시 다
른 남성들과 비교되면서 많은 여성 독자들의 사
랑을 받았다. 이 책은 1813년 초판이 출간된 이래
수많은 판본이 만들어졌는데, 사진은 휴 토머스
(Hugh Thomas)가 일러스트를 그린 1894년 판본
의 표지와 본문이다.

의 생각도 바뀌어가고요. 현대 영문학에서 페미니즘의 위상이 높은 건 바로 이런 작업들 때문이라는 말도 하더군요.

『입트페』의 충고처럼 쓸데없는 딴지에 휩쓸리지 않으면서 "그런 거에 대답할 의무는 없는데요"라고 선을 그어도 좋고요. "너는 개저씨야"라고 딱 지적만 하는 것도 괜찮아요. 개개인은 순간순간 그럴 수 있는 거잖아요. 다만 그 와중에도 내가 바라는 나의 미래상, 좀더 크게는 내가 만들고 싶은 사회상에 대한 긍정적 전망을 품는다면, 중심을 잃지 않고 세상에 대한 증오에 갇히지 않으면서 나아갈 수 있지 않을까요? 그리고 이 부분에 대해 현재 대한민국에서 가장 고민하고 있는 이들이 바로 2030 넷페미니스트인 것 같고요.

사회자 이번 행사를 기획하면서 가진 문제의식 중 하나는 각자의 다른 세대적 경험을 가진 페미니스트들 간의 소통이 필요하지 않은가 하는 것이었습니다. 윗세대 페미니스트들은 새로이 출현한 페미니스트들을 궁금해하고 응원하면서도 어떻게 연대의 말을 건네야 할지 조심스러운 태도를 취하곤 합니다. 잘못 말을 건넸다가 꼰대가 될까 싶은 마음이 있는 거지요. 한편 이민경 선생님 세대에게 선배 페미니스트들이 눈에 보이는, 손에 잡히는 존재인지 알고 싶습니다. 선배 페미니스트들과 어떤 접속을 기대하는지도 궁금하고요.

또한 현재의 상황과 활동을 이해하는 것과 함께 과거의 성과를 공유하는 문제 역시 우리가 풀어야 할 과제일 텐데요. 세대적 경험의 차이 가운데서 어떻게 서로 소통할 수 있을지, 그리고 개별적인 여성 당사자로서의 고민이 어떻게 또다른 여성들의 고민으로 확장될 수 있을지에 대한 문제를 마지막으로 다뤄보려 합니다. 좀더 깊고 넓은 페미니즘을 만들어나가기 위한 제언을 부탁드려요.

이민경   한국여성민우회에서 주최한 김현미 선생님의 수업을 우연히 들었는데, 그걸 계기로 여성의 '계보'에 대한 생각을 많이 하게 되었어요. 지금 제가 가지고 있는 조건들은 과거의 여성들이 만들어온 것인데, 그런 걸 누가 만들었고 그걸 만든 선배들은 어디 있을지 궁금했지요. 손에 잡히지는 않았지만 분명 손잡고 싶고 말 걸어보고 싶은 존재였거든요.

요즘 신문 기사를 보면 페미니즘 이야기가 쏟아져 나오고 있지만, 막상 집에서, 학교에서, 직장에서 페미니스트들은 고립되어 있기도 해요. 많은 이들이 페미니스트라는 존재를 낯설어하고 그렇다 보니 자신의 존재를 숨겨야만 할 것 같고요. 내가 계속 페미니스트로 살아갈 수 있을까, 언젠가는 굴복하지 않을까, 걱정도 해요. 하지만 나보다 앞서 그렇게 살아간 이들이 존재한다면 어쨌든 나도 그렇게 살아갈 수 있지 않을까 하는 생각이 들었어요.

사실 페미니스트로 이제 막 무언가를 하기 시작한 저로서는 여러 가지가 많이 혼란스러워요. 사람들이 자꾸 메갈리아를 어떻게 생각하느냐고 묻는데 해줄 말이 딱히 없어서 괴롭고요. (웃음) 페미니즘에 대한 의지는 한껏 불타오르지만 나아갈 방법을 마땅히 알지 못하다 보니 이미 저만치 가 계신 선배들에게도 문득 외롭고 괴롭고 혼란스러운 순간이 닥쳐올 때가 있었는지, 그리고 제가 겪는 것과 같은 혼란스러운 순간은 어떻게 넘겼는지 궁금해요. 현재의 우리를 바라보면 굉장히 부족한 게 많을 테고 지적하고 싶은 것도 있으시겠지만, 선배들이 우리 또래였을 때 어떻게 활동을 이어가

다가 지금의 자리까지 가게 되었고, 어떤 원동력으로 현재도 멈추지 않고 있는지 이야기를 듣고 싶어요. 그것만으로도 앞으로 잘 나아갈 수 있다는 격려가 될 것 같아요.

좀더 깊고 넓은 페미니즘을 만들어가기 위해 제가 마음속에 품고 있는 말이 하나 있어요. '각자가 각자의 몫을 해야 한다.' 제가 할 수 있는 일은 두 권의 책을 펴내는 것이었고요. 이 문장의 어디에 방점을 찍느냐에 따라 의미가 조금 달라질 수 있는데, '각자'에 초점을 맞춘다면 나의 개인적인 삶을 할 수 있는 만큼만 바꿔 나가는 것일 수도 있고, '해야 한다'에 초점을 맞춘다면 각자의 몫만큼 행동해야 한다는 의미이기도 해요.

제가 종종 드는 예가 있어요. 어떤 술자리에서 '개저씨'가 매번 말도 안 되는 이야기를 한다고 할 때, 그 불편함을 각자 참을 수도 있지만 거기 모인 여성들이 한마디씩 해서 그 자리의 분위기를 바꿀 수도 있거든요. 처음에 용기를 내기가 힘들더라도 한마디 한다면, 그리고 한마디 하는 사람을 거들어준다면, 그다음 술자리가 편해져요. 각자 놓인 상황은 다르겠지만 그렇게 자신의 삶을 만들어가다 보면 박은하 기자님이 말씀하신 미래상에 닿을 수도 있을 테고요.

박은하 저는 앞서 이야기했던, 추석합본호를 만들 때 취재한 영 페미니스트의 이야기를 들려드리고 싶어요. 99학번으로 대학에 입학해서 취업을 하고 결혼을 하신 분인데, 지금 온라인에서 활동하는 넷페미니스트들에게 많은 위로를 받았다고 하시더라고요. 그분은 현재 여러 페미니스트들이 만들어놓은 제도를 통해서 지역에서 마을 운동을 하고 계세요. 50~60대 여성의 건강과 자아 정체성, 자존감과 관련한 활동을 하시는데요. 여기서도 꽤 고립감을 느끼셨다고 하더라고요. 이게 맞나 싶은 생각도 하셨고요.

그런데 인터넷에서 벌어지는 여러 활동들을 보면서 본인은 SNS를 하지 않지만 반가움과 함께 일종의 해방감을 느꼈다고 하시더군요. 이 가운데 나랑 같이 대학 시절에 여성운동을 고민했던 친구들도 있겠지 하는 생각도 들었다고 하시고요. 그때 페미니스트를 욕하던 남자 선배들의 사회운동은 다 망했는데 우리는 살아남았다면서 웃기도 하셨어요. (웃음) 이 말을 여러분께 꼭 전해드리고 싶었고요.

186

제 친구가 '아재'에 대해 명쾌하게 정리한 적이 있어요. 청년은 지적을 안 하는데 아재는 지적을 한다고요. 사실 지적이라는 게 일종의 권력이잖아요. 많은 남성들이 지적을 하면서 자기가 윗사람인 걸 확인하고요. 근데 페미니스트 여성들에게는 그런 걸 많이 못 느껴왔어요. 여성들 사이에서는 선후배라는 표현 자체가 익숙하지 않잖아요. 무언가를 말하고 싶지만 꼰대가 될까봐 입을 못 떼는 분들이 계신다면, 그게 지적의 형태가 아니면 된다고 말씀드리고 싶어요. 그러려면 결국 자기 이야기를 하면 되고요. "너는 그렇게 생각하면 안 돼"가 아니라 "내 생각은 이렇다"라고 이야기하면 되는 거지요.

이민경 선생님 말씀처럼 각자의 역할을 열심히 하면 된다는 데 대해서도 저는 굉장히 동의해요. 지금까지의 모든 토대들은 둘러보면 앞선 여성들이 만들어놓은 것이지요. 우리 주변을 둘러봐도 많은 여성들이 이미 자기 자리에서 굳건히 자기 역할을 잘하고 있고요. 단적인 예로 국회에 가면 국회의원들만 보이지만, 실제로 일은 보좌관들이 거의 다 하거든요. 보좌관들 중에는 여성이 굉장히 많아요. 그분들이 법도 만들고 국정감사 자료도 만들지요. 그런 과정들을 보다 보면 이분들이 만들어가는 세상을 살고 있다는 생각이 들어요. 저희 신문사에도 여성 부장이 서너 분 계세요. 2011년 고려대 의대생 성추행 사건 때 당시 사회부장이 부장회의 시간에 강력하게 의견을 개진했다고 해요. 성추행에 대한 선정적인 보도는 그 자체로 2차 가해라고요. 이분이 《경향신문》 최초의 여성 사회부장이셨는데요. 여성이 각자의 조직에서 어떤 역할을 할 수 있을지 롤모델이 된다고 생각합니다.

사실 개개인은 조직 속에서 나약해요. 모든 회사 분위기가 똑같지 않고, 자기 자신을 방어하는 데만도 급급할 때가 있고요. 그럼에도 불구하고 각자의 자리에서 용기를 내는 것, 외롭다고 느낄 때 주변을 보면서 힘을 얻는 게 필요한 것 같습니다.

한국 사회에서 페미니스트로 산다는 것은

사회자 이번에는 객석에서 들어온 질문들을 수합해 답변드리려고 합니다. 오늘 페미니즘을 고민하는 남성에 대한 이야기를 다루진 못했는데, 그래선지 관련 질문이 꽤 많습니다. 첫 번째로 페미니스트가 되고 싶다는 남성 분의 질문을 드릴게요. 지금의 사회 현실 속에서 남성 페미니스트로서 어떤 태도를 취해야 할지, 그리고 어 떻게 하면 여성 페미니스트들과 함께할 수 있을지에 대한 조언을 구하셨습니다. 사실 페미니즘 관련 행사 때마다 들어오는 전형적인 질문인데요. 궁금한 분들이 많기에 이런 질문이 자주 나오는 거겠지요.

이민경   제가 『입트페』를 쓸 때 여성들의 이야기가 잘 다뤄지 지 않는 상황이 아쉬워서 강남역 살인 사건을 통해 자 신의 트라우마에 직면해야 했던 여성들에 초점을 맞춰 글을 썼어요. 그러다가 고민 끝에 마지막에 이런 질문 에 답하는 한 꼭지를 추가했지요.

성별이라는 게 둘로 딱 나눌 수 있는 건 아니지만, 저 는 우리 사회에서 남성 페미니스트가 여성 페미니스트 와 얼마든지 함께할 수 있다고 보고, 남성의 위치에서 더 잘할 수 있는 일도 분명 있다고 생각합니다. 예를 들 면 제가 제 또래의 여성을 설득하긴 굉장히 쉬워요. 비 슷한 시기를 살아오면서 유사한 경험을 해왔기 때문에 그 가운데서 가부장제나 여성 혐오의 실체를 건드리기는 쉬운데, 남성에게 이를 설득해야 한다면 남성이 그 역할을 맡는 게 좋다고 봅니다. 지금은 여성들이 자신이 잘할 수 있는 일뿐만 아니라 그 일까지 맡고 있는 상황인데요. 분담이 필요해요. 남성들 개개인의 삶이 서로 다를지라도 그 가운데 유사성이 있을 테고, 그런 공통의 경험을 토대로 남성들을 이해시키고 설득하기 좀더 쉬운 포지션일 테니까요.

남성 중심 사회에서 남성은 여성에 비해 비교적 무탈하게 자신의 삶을 통과해온 존재입니다. 밤거리를 무서워하지도 않았고, 밤늦게 들어가도 지적받지 않았을 것이며, 여성이라는 이유로 겪게 되는 문제로 상처받을 일도 없어요. 그런데 이런 남성이 페미니스트가 되기로 결심했다면, 여성의 경험을 참고해서 자기 안에는 어떤 경험이 얼마큼 부재한지 세어볼 수 있어요. 자신이 여성이 아니기 때문에 영영 여성의 삶을 모른다고 생각하는 대신에요. 그리고 자신이 남성이기 때문에 어떤 경험이 부재하더라는 것을 다른 남성에게 설득할 수 있겠지요.

사회자   이번에는 대학에서 청소년지도학을 전공하는 페미니스트 남성분의 좀더 구체적인 질문입니다. 어떻게 하면 올바른 방법으로 페미니즘과 젠더 감수성을 남성 청소년들에게 전달할 수 있을지 고민 중이라고 하시는데요.

박은하   질문을 듣고 굉장히 반가웠습니다. 저도 같은 고민을 하고 있거든요. 근데 답변에 앞서 하나 고백할 게 있습니다. 지금의 남성 청년들이 많이 힘드니 위로해줘야 한다는 말에 넷페미들이 "그만 징징대라" "지금까지 위로는 많이 해줬어"라고들 하잖아요. 제가 넷페미들에게 영향을 받은 것 중 하나가 바로 그런 관점이었습니다. (웃음)

지금의 여성 청소년들에게는 되고 싶은 미래상이 있어요. 페미니즘 안에 그게 담겨 있기도 하고요. 근데 남성 청소년들에게는 그런 롤모델이 없는 듯해요. 신체적 능력과 경제력을 중심으로 하는 전통적 남성상이 무너지고 있으니까요. 예전에는 집이 무너져 내렸을 때 담장 고치는 것만으로도 괜찮은 남자가 될 수 있었는데, 지금은 그렇지 않잖아요. 그렇다고 미국의 대통령인

버락 오바마나 페이스북 창시자인 마크 저커버그처럼 친절하고 세련되고 스마트한 사람은 아무나 못 되는 거고요.

저는 〈빌리 엘리어트〉가 이런 문제를 굉장히 잘 보여 주는 영화라고 생각해요. 형과 아버지는 광부인데 굉장히 멋있게 나오거든요. 근데 이들은 시대에 뒤떨어진 사람들이에요. 빌리가 일종의 미래적 남성상으로 나오는데, 빌리 역시 아무나 될 수 있는 건 아니지요. 모든 남자들한테 발레리노가 되라는 건 정말 가혹한 요구잖아요. (웃음)

그렇다면 동시대의 긍정적인 남성상은 무엇일까요? 저는 용기나 책임감 같은 개념이 떠오릅니다. 물론 이들은 여성에게도 필요한 덕목이지만, 저는 이걸 남성성이라고 부르는 데 대한 거부감이 없어요. 어떤 이유에선지 지금의 사회에서 사라지고 있는 덕목이라는 생각도 들고요. 꼭 제가 말한 덕목들이 아닐지라도, 남성 청소년들에게 이러이러한 사람이 되지 말자고 하는 것뿐만 아니라 이러이러한 사람이 되어보자는 식으로 나름의 긍정적인 상을 찾아나가는 작업이 필요할 거예요

사회자 이번에는 이민경 선생님께 들어온, 여성의 정치 세력화와 관련된 질문입니다. 메갈리아 논쟁 때 정의당 내부에서 페미니스트들을 지지했던, 조성주 씨가 만들겠다는 2세대 진보정치 세력과 연대하실 생각이 있으신지 알고 싶으시대요.

이민경 죄송한데요. 일단 저는 조성주 씨가 누군지 몰라서 질문을 잘 파악하지 못했습니다.

사회자 아, 괜찮아요. (웃음) 그럼 제가 질문을 좀 바꿔볼게요. 기존의 진보 정당이나 단체들에서 여성주의에 대해 고민하고 있는 세력들이 있을 겁니다. 그런 이들과의 연대에 대해 어떻게 생각하시나요?

이민경 저는 이미 세력화된 이들보다 그렇지 않은 이들에 대한 관심이 더 많습니다. 여성의 정치 세력화라는 말이 회자되는 건 여성이 아직은 정치 세력으로 자리 잡지 못했기 때문일 테고요. 진보정치 세력이 여전히 남성 중심적이라는 데 대한 문제의식도 가지고 있어요. 의제가 진보적일지는 모르지만 그 안에서도 여성이 배제되는 문제가 여전히 벌어지고 있잖아요. 대학 시절 운동권의 남성 중심주의에 염증을 느꼈던 적도 있고요. 지금으로선 저는 여성들끼리 해볼 수 있는 지점을 좀 더 찾아 나가고 싶습니다. 그 안에서도 해보고 싶은 일들이 아직은 많고 거기에 힘을 보태고 싶어요. 게다가 여성끼리만 모여도, 기존의 정치 세력과 다름없이 그 자체로 온전하게 존재할 수 있어요. 여성들끼리 모였다고 해서 꼭 여성 문제만 해결하라는 법은 없고, 또다른 의제로도 얼마든지 움직임을 확장해 나갈 수 있다고 생각합니다.

사회자 이민경 선생님이 조성주 씨를 모른다는 건, 2세대 진보 정치가 아직 젊은 페미니스트들의 눈에 들지 못한 현실을 보여주는 듯하네요. 같은 분이 박은하 기자님께도 질문을 하셨습니다. 진보 언론으로서《경향신문》에서 연대를 하실 의향은 없으신지에 대해서요.

박은하 일단 조성주 씨를 알고 있는 제가 간단히 설명을 드릴게요. 정의당의 젊은 정치인으로 청년유니온의 창립 멤버 중 하나인데요. 2015년 정의당 당대표 선거 때 심

상정, 노회찬 씨와 맞장을 뜨면서 조성주 씨가 말한 게 2세대 진보정치입니다. 이에 대응하는 1세대 진보정치는 타협을 악으로 봅니다. 강력하게 주장해서 그걸 관철시켜야 하는 거예요. 예를 들면 FTA 무효화, 반값 등록금 실시, 사드 철폐 같은 것들이지요. 조성주 씨는 이런 대응으로 계속 실패해왔고 그 결과 약자들이 가장 피해를 봤다고 주장합니다. 1세대 진보정치의 프레임 안에서는 한때 무상 등록금이 목표다 보니 반값 등록금 제안을 받지 못했고, 이후 목표를 반값 등록금으로 한 이상 이를 말 그대로 쟁취해내는 것만이 옳다고 여겨 현행의 등록금과 반값 등록금 사이에서 합리적인 등록금 제도와 고등교육 지원 체계 같은 걸 도출해내지 못했다고 보는 거예요. 이제 혁명적으로 체제를 때려 부수는 걸 주장하기보다는 약자의 입장이 최대한 반영되는 제도를 만들어서 이득을 취하자는 관점이지요. 개량주의라는 비판을 받기도 했지만, 정의당 내에서는 상당한 지지를 얻었어요.

그런데 저는 조성주 씨가 말하는 2세대 진보정치가 현재로선 하나의 관점일 뿐 실제로 존재하는 세력은 아니라고 생각합니다. 실제로 따지자면 오히려 넷페미들이 이런 관점에 입각해서 행동을 하고 있지요. 진선미 의원이 소라넷 폐쇄를 이끌어낼 때도 그러했고요. 그렇게 본다면 내용적으로는 넷페미들이 이런 질문을 받을 이유가 없겠지요. 또 하나 말씀드릴 것은, 연대는 다른 정치 세력에게 던져야 할 질문이지 유권자에게 던질 질문은 아니라는 점입니다. 여성 유권자들에게는 자신들의 관점이 어떻게 보이는지에 대해 물어야 하는 거지요.

진보 언론의 문제 역시 마찬가지입니다. 진보 언론이 어떤 사안에 대해 진보적 관점을 펴거나 지면을 할애할 수는 있겠지만, 특정 정치 세력을 밀어주는 게 진보 언론의 역할은 아닐 거예요. 《주간경향》에서도 조성주 씨를 커버 스토리로 다룬 적이 있습니다. 그렇지만 그게 조성주 씨를 밀어주기 위해 기획된 건 아니었어요. 잘하면 잘한 대로, 못하면 못하는 대로 쓰는 게 언론이 취해야 할 태도라고 봐요.

사회자   이제 두 분께 마지막 질문을 드릴게요. 이제 갓 페미니스트가 되어서 아직은 낯설고 힘들어하고 있는 분의 질문입니다. 페미니스트라는 이유만으로 사람들의 시선이 신경 쓰이고 사회에서 고립된 것 같은 기분이 들때, 어떻게 하면 될까요? 이럴 때 나름의 해결 방법이 있으신지 물으셨습니다.

이민경 앞서 말씀드렸듯이 저 역시 그런 생각을 하고 고민하는 페미니스트 중 하나입니다만, 제 경우에는 대학 동창이자 함께 활동했던 친구가 있었기에 이후의 활동에서도 흔들림을 최소화하며 나아갈 수 있었어요. 오프라인에서 함께 활동했던 것들이 이후 활동의 기반이되기도 했고요. 함께할 수 있는 사람이 가까이 있을 때, 비로소 안전한 내 삶을 유지하면서 지속적인 활동이 가능한 게 아닌가 싶습니다.

이런 고민을 활동으로도 펼쳐보고 싶다는 생각을 하는데요. 봄알람에서 펴낸 책들이 트위터를 비롯한 온라인에서 좋은 반응을 얻어왔는데, 최근 들어서는 저희 책에 관심 있는 분들을 오프라인으로 끌어내서 연결시키는 구상을 하고 있습니다. 지역별로 사람들이 모여서 책을 통해 주변 사람들과 생각을 나눠보는 북클럽을 염두에 두고 있어요. 이게 정착된다면 오프라인에서도 페미니스트 동지를 만날 수 있는 채널이 될 수 있지 않을까 생각합니다.

박은하 저도 부연하자면, 근본적으로 그런 부류의 고립감은 쉽게 해결될 문제는 아니라고 봐요. 그럼에도 불구하고 문제를 방치할 순 없겠지요. 우선 나와 같은 문제의식을 가진 사람이 있다는 걸 알게 되었을 때 그 자체만으로도 위로받을 수 있는 것 같아요. 이민경 선생님이 말씀하셨듯 온라인과 오프라인의 만남이 이런 문제를 풀어나가는 하나의 실마리가 될 수도 있을 테고요.

이런 고민을 하면서 꼭 염두에 두었으면 하는 것은, 고립감이 증오에 함몰되지 않도록 해야 한다는 점입니다. 세상이 계속 이상하게 돌아가고 있고 그런 세상이 바뀌지 않을 거라는 절망에 휩싸일 때 그 감정이 증오로 바뀌면 그때부턴 걷잡을 수 없어지는 것 같거든요. 인터넷이 발달하면서 서로에 대해 세밀한 부분까지 알 수 있게 되었고, 그러면서 서로를 체계적으로 싫어할 수도 있게 되었다는 말을 최근에 들었어요. 그렇게 혐오가 확산되어가는 거겠지요. 개인적으론 '한남충'이란 단어에서 그런 위태로움을 느낍니다. 남성들의 여성 혐오를 비판하는 데 이 말이 전략적으로 유용하게 쓰이는 측면이 있지만, 또다른 측면에선 이 말을 계속 쓰다 보면 그런 사람을 미워하게 되거든요.

사회자 토론을 준비하면서 나눠보고 싶은 이야기는 많았지만, 오늘 이 자리에서는 그 화두를 모두 담기보다는 현재의 고민에 적합한 일종의 지형도를 그려보는 걸 목표로 삼았습니다. 여러분께 곰곰이 되씹을 유용한 지표가 되었으면 하는 바람이에요. 긴 시간 동안 좋은 말씀 나눠주신 두 분께 감사드립니다.

찾아보기

『대한민국 넷페미史』를 후원해주신 분들

송다현 · 송수민 · 송수진 · 송유진 · 송초롱 · 송현민 · 수빈 · 수진 · 순슈 · 스몰 · 스스스 · 스크류바 · 스타 · 승 · 시에나 · 시옷 · 신수진 · 신필규 · 신혜원 · 심미진 · 심술쟁이 · 심혜진 · 쏘담 · ㅇㅇ · 아렵 · 아르네브 · 아영 · 안드레아 · 안혜연 · 앞으로 · 앨리 · 야모 · 양양 · 양정민 · 양지유 · 양쨩 · 양현명 · 열슈 · 없음 · 에리카 · 엘뤼에르 · 엠제이 · 여니 · 연 · 연돌 · 연두 · 연선 · 엽귀녀 · 예 · 예외진기 · 예지 · 오리거북이 · 오상연 · 오수경 · 오은영 · 옥수 · 용사 · 우아아아아우아아아 · 우언 · 우휘명 : 울라걸해 · 움망 · 월계류 · 위인하 · 유결 · 유경희 · 유니피 · 유사효 · 유연성 · 유우롱 · 유지혜 · 유진아 · 유현승 · 윤단우 · 윤서경 · 윤성 · 윤연 · 윤영경 · 윤이든 · 윤일호 · 울쎄 · 유z · 은사자 · 은혜정아 · 이규리 · 이나 · 이다빈 · 이동엽 · 이동준 · 이루다 · 이루용 · 이명훈 · 이민진 · 이병현 · 이산화 · 이상민 · 이새롬 · 이서영 · 이세나 · 이소 · 이소정 · 이수민 · 이슬 · 이승빈 · 이승주 · 이엔 · 이영우 · 이예닮 · 이은지 · 이장님 · 이정훈 · 이지영 · 이지원 · 이지원 · 이지윤 · 이지해 · 이채연 · 이체 · 이춘희 · 이칼 · 이풍현 · 이해란 · 이향기 · 이혜복 · 이호성 · 익명 · 인간 · 인간 · 인간고춘자 · 인생뭐있나 · 인승민 · 임다은 · 임수아 · 임쏘 · 임정호 · ㅈㅅ · 장고양 · 장미경 · 장성연 · 장수영 · 장수지 · 장은하 · 장일호 · 재 · 재민 · 재재 · 적정수일 · 전나경 · 전지원 · 정 · 정구원 · 정다휜 · 정명준 · 정서혜 · 정성주 · 정아름 · 정유빈 · 정인 · 정인느 · 정지운 · 정진세 · 정초원 · 정효선 · 제이 · 조경숙 · 조노방 · 조석영 · 조선희 · 조성지 · 조소헌 · 조용의 · 조이현임 · 종이별 · 주양 · 주윤아 · 준켓 · 쥐야다 · 지경희 · 지민마밍 · 지선주 · 지연 · 지은혜 · 진냥 · 진소연 · 진용선 · 쨍열 · 쩐 · 쩡니 · 참고용 · 참달 · 창 조 · 차챠 · 최강희 · 최건희 · 최규미 · 최빛그림 · 최유진 · 최지수 · 최지은 · 최태섭 · 최현경 · 최혜린 · 케롤린 · 코발트 · 크로이츠 · 클쓰 · 키르 · 키즈 · 태연 · 택훈 · 튼튼하마 · 파닥 · 파프리카 · 푸른 · 하늘물결 · 학수고대 · 한울림 · 한지윤 · 한채윤 · 해진 · 해피송 · 행뮤브 · 허주연 · 허채빈 · 허희정 · 현정 · 혜원 · 혜지 · 혜진 · 호야 · 호적돌 · 홀릭 · 홈워즈 · 홍승은 · 홍종선 · 홍지 · 홍지수 · 홍진아 · 화니 · 황현서 · 흔영 · 희원 · 히리 · 힘멍 · 0_0**** · 00 · 0511 · 11111 · a_retro_gal · aaaa · Ahra Jo · ane · angielover · Antiope · Ari Kim · Arin Kim · Bak Bobby · be**** · Bengi · BEOSH · BS · canaco · candis · Candy D Yun ·

Chesire · ChinesePink · ChoiNayoung · Claudia Wang · cnd**** · Daeyeop Na · dats · dawn · DD · ddn · DH · djenehqoo22 · dlsguddmlwlq · drifti**** · ech · ehhha · EK · erin**** · Eun-Kyung Bae · Eunhee Kim · Eunsu Kim · FINE · fkgu**** · Foxiger · frep · Gayoung Luna Park · going · Grace Lee · Guest0192 · Ha Young · happiness불 · happy612 · Heejoe Lee · henna · Heyjin Jeon · HJ · HM · Hwan-Hee Kim · HwaPyeong Kim · Hyeman Jo · HyeonJoo Christine Kang · Hyesu Hyesu · HyoJin Shin · HYUN · Ina Sohn · J · Jae-Eun Kim · JaeKyung Chloe Ahn · Jaime Chang · Jang Hansaem · jangb**** · Jasper · Jay K · JE Jin · Jeo Jeo · Jeongha Regina Lee · Jieun Kim · Jin Young Jeon · Jinah Lee · jinch**** · Jiwon Jang · Jiyeah Ree Seong-Yu · JJ · Jsy · Kang Hayeon · karin**** · Kate · kingthegarden · kongguksoo · koy · kwangwoo**** · Kwon Eunhee · kyor**** · Kyoung Hee Noh · Kyoungji Lim · Kyoungjin Lim · l**** · Lentical_narrative · Lewis Park · Lippe Choi · ljm91**** · llap · love4**** · Lucia · lunah · Lyn Lee · M034 · M157 · mamama · Marie · MDD · merryjane · Mina Kim · Minkyung Chang · Miserere · MJ · mori · NaRa Kim · Night Planet · Nikki Kim · NorangMoran · northwind · Nt · Oh Young Wook · Olivia Lee · Ollie Lee · Oops · P · payout · PinaC · pu**** · Pureun Lee · QS · Regin · rim · Ryu Han · sajin · saltpea**** · Sang Hoon Do · Sang-Sook Shin · Saturn · Seoh Char · Seohwa Kim · Seorae Kim · sh · Shiho Kim · SimpleLambda · simplelife · SM · so.young · Soo Ryon Yoon · soojy**** · Soon Jin Song · sp**** · SSONG · Sss · Stella Lee · Stephanie Spencer · stepupformundea · Subin You · Suki Park · Sumin Kim · sun · Sun Bit Kim · sun**** · TAE · TaeHee Kim · theora · thgus**** · Tina Kim · toic · tomoyoch**** · ULSAN HAM · Vaila · Vie · wannafly · want2K · with_kids_like_kids · wonm**** · www · yamiyami · Yein Hwang · yellowma**** · YEON · Young Beaux · Youngsoon Choi · Yunji Kim · Yunsaeng Kang · Yuri Kim · YYD · zmdzmd · キム もち

대한민국 넷페미史
우리에게도 빛과 그늘의 역사가 있다

ⓒ 권김현영·손희정·박은하·이민경

초판 1쇄 발행 | 2017년 1월 10일
초판 3쇄 발행 | 2019년 9월 25일

지은이 | 권김현영·손희정·박은하·이민경
기획 | 페미니즘 라운드 테이블
펴낸이 | 임윤희
디자인 | 권으뜸
제작 | 제이오

펴낸곳 | 도서출판 나무연필
출판등록 | 제2014-000070호(2014년 8월 8일)
주소 | 08613 서울 금천구 시흥대로73길 67 금천엠타워 1301호
전화 | 070-4128-8187
팩스 | 0303-3445-8187
이메일 | woodpencilbooks@gmail.com
페이스북·인스타그램 | @woodpencilbooks

ISBN | 979-11-87890-00-3 03300